NOUVEAU TRAITÉ DES REGLES POUR LA COMPOSITION DE LA MUSIQUE,

Par lequel on apprend à faire facilement un Chant sur des Paroles; A composer à 2. à 3. & à 4. Parties, &c. Et à chiffrer la Basse-Continuë, suivant l'usage des meilleurs Auteurs.

Ouvrage tres-utile à ceux qui joüent de l'Orgue, du Clavecin, & du Théorbe.

Par C. MASSON, cy-devant Maître de Musique de la Cathédrale de Châlons, en Champagne, & de S. Loüis de la Maison Professe des RR. P. Jesuites.

Troisiéme Edition, revûë & corrigée.

A PARIS,
Chez CHRISTOPHE BALLARD, seul Imprimeur du Roy pour la Musique, rue S. Jean de Beauvais, au Mont Parnasse.

M. DCC V.

AVEC PRIVILEGE DU ROY.

A SON ALTESSE ROYALE

MONSEIGNEUR LE DUC D'ORLEANS.

ONSEIGNEUR,

Le plaisir que VOTRE ALTESSE ROYALE *prend à la Musique, le goût & la parfaite connoissance qu'Elle y fait paroître, même dans les plus difficiles Compositions, mé font prendre la liberté de la suplier de trouver bon que j'honore de SON NOM AUGUSTE ce Traité que j'acheve d'Imprimer: Quoiqu'il soit assez juste, dans toutes ses Regles, je suis bien persuadé qu'il suffira de dire que VOTRE ALTESSE ROYALE ait jetté les yeux dessus, & qu'Elle ait bien voulu le recevoir favorablement pour le faire approuver des plus habiles. Je m'estimerois heureux, MONSEIGNEUR, si je pouvois contribüer au plaisir de VOTRE ALTESSE ROYALE, en ce qui concerne mon Art: Je m'y applique avec beaucoup de soin, dans l'esperance de me former de jour en jour des occasions de l'aßûrer du profond respect avec lequel je suis,*

MONSEIGNEUR,

DE VOTRE ALTESSE ROYALE,

Le tres humble & tres-obéïssant serviteur,
C. BALLARD.

AVERTISSEMENT.

ON ne trouvera dans ce Traité, ni curiositez, ni termes des Anciens, difficiles & embarrassans ; mais seulement ce qui est utile dans la Pratique.

Pour établir & expliquer les Regles qui y sont, je ne me suis précisément attaché qu'à l'usage present, appuyé par les bons Auteurs Modernes, & je l'ay fait de la maniére la plus simple & la plus intelligible qu'il m'a été possible.

Je divise ce Traité en deux Parties. Dans la premiére, en parlant de la Mélodie, j'apprens à faire un Chant : Et dans la seconde, en traitant de l'Harmonie, j'enseigne la Composition à plusieurs Parties.

Comme on n'avoit pas pris les vrais moyens de rendre correcte la premiére Impression qui a été faite de ce Livre, j'espere que n'ayant rien négligé pour la seconde, y ayant même mis un plus grand nombre d'Exemples, corrigées avec éxactitude dans celle-cy, de quelques fautes qui s'y étoient glissées, tout y sera facile, & que l'intention que j'ay d'aider ceux qui apprennent, aura le succés que je me suis proposé.

TABLE

Des Matiéres contenuës dans ce Traité.

Fin de la Table des Matiéres.

NOUVEAU

NOUVEAU TRAITE' DES REGLES DE LA MUSIQUE.

PREMIERE PARTIE.

CHAPITRE PREMIER.

De la Musique.

La Musique se divise en Mélodie & en Harmonie.

La Mélodie est un Chant doux & agréable, qui se fait par une voix seule, conduit avec art & avec propreté, comme un Recit. Elle est composée de Sons, de Tons, de Demi-Tons, d'Intervalles, & de la Mesure.

L'Harmonie est une union de plusieurs Sons differents, accordez & chantez ensemble avec art.

Du Son.

LE Son est l'objet de la Musique & le principe des Intervalles.

Du Ton & du Demi-ton.

LE mot de Ton se prend en plusieurs maniéres.

Quelquefois il signifie ce que nos Anciens ont appellé Mode, qu'ils ont mis au nombre de douze.

Quelquefois il signifie la difference qu'il y a d'un Demi-ton à un autre Demi-ton prochain, comme du *mi* au *fa*, & du *si* à l'*ut*.

Le Demi ton majeur est composé de deux degrez differens.

EXEMPLE.

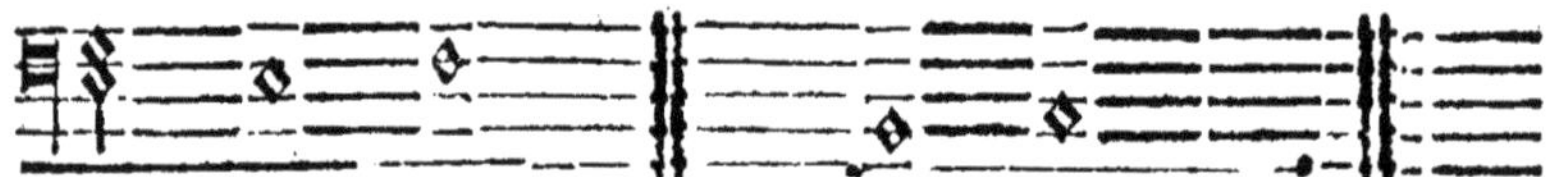

On appelle degré toutes les lignes & leurs espaces où les notes sont placées.

Le Ton est composé de deux Demi-tons, l'un majeur & l'autre mineur.

Le Demi-ton mineur ne se trouve jamais que sur la même ligne ou dans le même espace, en haussant ou baissant une note par le moyen d'un béquarre ou d'un bémol.

EXEMPLE.

Dans l'étenduë de l'Octave il y a cinq tons & deux demi-tons majeurs, Sçavoir *ut ré* ton : *ré mi* ton : *mi fa*

demi ton : *fa ſol* ton : *ſol la* ton : *la ſi* ton : & *ſi ut* demi-ton.

EXEMPLE.

Dans la méme étenduë de l'octave il y a douze demi-tons, tant majeurs que mineurs, entre leſquels ſont compris *mi fa* & *ſi ut* : Les autres demi-tons ſe trouvent lors que l'on hauſſe une note par un diéſe ou béquarre, ou qu'on la baiſſe par un bémol.

EXEMPLE.

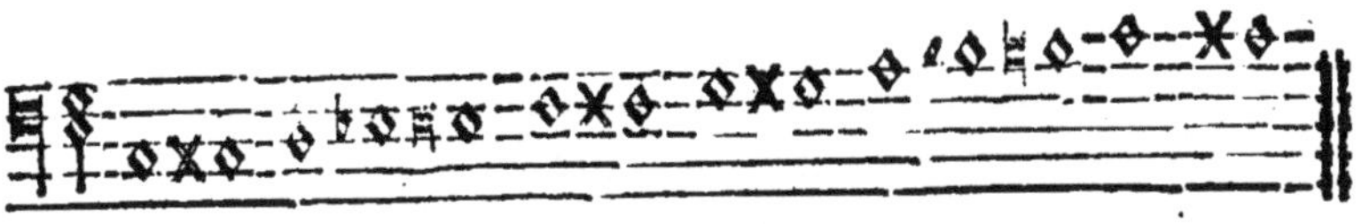

Des Intervalles.

L'Intervalle ſe prend en pluſieurs maniéres.

L'Intervalle eſt la diſtance qui ſe trouve entre deux ou trois voix qui chantent enſemble, dont l'une par exemple chante *ut*, l'autre *mi*, & la troiſiéme *ſol*.

L'Intervalle ſe prend auſſi pour la diſtance qui ſe rencontre lors qu'une voix aprés avoir chanté *ut*, paſſe au *mi*, ou bien au *fa*, &c.

Il y a ſept principaux Intervalles ; Sçavoir *ſeconde*, *tierce*, *quarte*, *quinte*, *ſixte*, *ſeptiéme* & *octave*.

Tous les autres Intervalles ne peuvent eſtre que les repliques de ceux-cy qui ſont ſimples : Par exemple, la neuviéme n'eſt que la replique de la ſeconde, la dixiéme n'eſt que la replique de la tierce, &c.

Tous ces Intervalles ſe diviſent en juſtes & en faux.

Les juſtes ſe diviſent en majeurs & en mineurs.

Les faux ſe diviſent en ſuperflus & en diminuez.

L'Intervalle d'une ſeconde majeure eſt composé d'un ton A.

L'Intervalle d'une ſeconde mineure eſt composé d'un demi-ton majeur B.

L'Intervalle d'une ſeconde ſuperfluë eſt composé d'un ton & d'un demi-ton mineur C.

L'Intervalle d'une ſeconde diminuée eſt composé d'un demi-ton mineur D.

A B C D

L'Intervalle d'une tierce majeure eſt composé de deux tons E.

L'Intervalle d'une tierce mineure eſt composé d'un ton, & d'un demi-ton majeur F.

L'Intervalle d'une tierce ſuperfluë eſt composé de deux tons & d'un demi-ton mineur G.

L'Intervalle d'une tierce diminuée eſt composé de deux demi-tons majeurs H.

E F G H

L'Intervalle d'une quarte eſt composé de deux tons & d'un demi-ton majeur I.

L'Intervalle d'une quarte ſuperfluë, qu'on appelle auſſi triton, eſt composé de trois tons K.

L'Intervalle d'une quarte diminuée eſt composé d'un ton & de deux demi-tons majeurs L.

I K L

L'Intervalle d'une quinte eſt compoſé de trois tons & d'un demi-ton majeur M.

L'Intervalle d'une quinte ſuperfluë eſt compoſé de quatre tons N.

L'Intervalle d'une quinte diminuée, qu'on appelle fauſſe-quinte, eſt compoſé de deux tons & de deux demi-tons majeurs O.

M N O

L'Intervalle d'une ſixte majeure eſt compoſé de quatre tons & d'un demi-ton majeur P.

L'Intervalle d'une ſixte mineure eſt compoſé de trois tons, & de deux demi-tons majeurs Q.

L'Intervalle d'une ſixte ſuperfluë eſt compoſé de cinq tons R.

L'Intervalle d'une ſixte diminuée eſt compoſé de deux tons & de trois demi-tons majeurs S.

P Q R S

L'Intervalle d'une ſeptiéme majeure eſt compoſé de cinq tons & d'un demi-ton majeur T.

L'Intervalle d'une ſeptiéme mineure de quatre tons & de deux demi-tons majeurs V.

L'Intervalle d'une ſeptiéme diminuée eſt compoſée de trois tons & de trois demi-tons majeurs X.

L'Intervalle d'une octave est composé de cinq tons & de deux demi-tons majeurs Y.

L'Intervalle d'une octave superfluë est composé de six tons & d'un demi-ton mineur Z.

L'Intervalle d'une octave diminuée est composée de quatre tons & de trois demi-tons majeurs &

Y Z &

De la Mesure & de la difference de ses mouvements.

LA Mesure est l'ame de la Musique, puisqu'elle fait agir avec tant de justesse un grand nombre de Personnes, & que par la varieté de ses mouvements elle peut encore émouvoir tant de differentes passions, pouvant calmer les unes & exciter les autres, ainsi qu'on l'a toûjours remarqué.

Quoyqu'il paroisse quantité de Mesures differentes, je crois qu'il est utile d'avertir qu'il n'y a que le nombre de deux & de trois qui les partagent, & que c'est par la vitesse ou par la lenteur de ces deux mouvements que l'on apporte de la difference dans les Airs.

La Mesure à quatre temps & à deux temps ont rapport l'une à l'autre quant au nombre; cependant il y a quelque difference entre elles quant au mouvement.

La Mesure à quatre temps peut se battre de deux sortes de mouvements, sçavoir de mouvement *lent* & de mouvement *léger*.

La Mesure à deux temps peut se battre de quatre sortes de mouvements, sçavoir de mouvement *lent*, *léger*, *vîte*, & *fort-vîte*.

La Mesure à quatre temps vîte est la même chose que

celle à deux temps lents ; parce qu'un temps de celle qui eſt lente dure deux temps de celle qui eſt vîte.

La Meſure à quatre temps lents n'a point d'autre rapport au mouvement de celle à deux temps que par le nombre.

La Meſure à quatre temps lents ſert ordinairement dans le recitatif d'un Motet, d'un Opera, & quelquefois dans les Chœurs.

Dans le recitatif d'un Motet on bat la Meſure, mais dans celuy d'un Opera on la négligc, parce que celuy qui bat la Meſure eſt obligé de ſuivre la voix afin de ne la pas gêner.

Dans le ſigne à deux temps, marqué par un C barré, on bat la Meſure lentement ou à quatre temps vîte, aux Airs qui ſont du caractere de l'Entrée d'Apollon, dans l'Opera du Triomphe de l'Amour.

Elle ſe bat légerement dans les Airs de *Gavotte* & *Gaillarde*, leſquels doivent eſtre marquez par le chiffre 2.

Elle ſe bat vîte dans les Airs de *Bourée* & de *Rigaudon*, qui doivent pareillement avoir un 2. au commencement, avec ce mot *vîte* écrit au deſſus ou au deſſous, pour marquer qu'ils ſont d'un mouvement plus vîte que les precédents.

Elle ſe bat fort vîte dans les autres marquez ainſi $\frac{8}{4}$, comme l'Entrée des Bergers & Bergeres dans l'Opera de Roland.

Dans la Meſure à trois temps il y a cinq ſortes de mouvements ; ſçavoir *fort-grave*, *grave*, *leger*, *vîte* & *tres-vîte*.

Quand il ſe trouve au commencement d'une Piéce un $\frac{3}{2}$, la Meſure doit ſe battre fort gravement.

Les *Sarabande*, *Paſſacaille* & *Courante* doivent ſe battre gravement.

La *Chaconne* ſe bat légerement, le *Menuet* vîte ; & le *Paſſepied*. tres-vîte.

On peut battre à deux temps inégaux ces trois derniers Airs, quoyqu'ils soient à trois temps; Il est à remarquer qu'on met quelquefois trois noires pour un temps ou une blanche avec un point, ou trois croches seulement dans un temps, ou une noire avec un point, ou l'équivalant : Par exemple, de deux Mesures d'un Menuet les Maîtres de Danse n'en font qu une à trois temps lents & égaux : Au contraire les Maîtres de Musique battent le Menuet à deux temps inégaux pour chaque Mesure; c'est à-dire qu'ils restent au premier temps une fois davantage qu'au dernier.

De deux Mesures d'un Passepied les Maîtres de Danses n'en font encore qu'une des deux; les Maîtres de Musique battent le Passepied à deux temps inégaux, comme le Menuet & même la Chaconne si l'on veut, excepté que l'un est plus vîte que l'autre, comme il est dit cy-devant.

La *Loure*, qui a ordinairement pour signe $\frac{6}{4}$, doit se battre à deux temps égaux lentement; elle doit estre du même mouvement que la Mesure à deux temps lents.

Les *Canaries* & la *Gigue*, qui ont pour signe $\frac{6}{8}$, se battent à deux temps égaux : Il est bon de remarquer que les Canaries se battent un peu plus vîte que la Gigue.

La Gigue doit se battre de même mouvement que la Bourée & le Rigaudon, & les Canaries doivent se battre du même mouvement que l'Entrée des Bergers & Bergeres dans l'Opera de ROLAND, qui a pour signe $\frac{8}{4}$.

CHAPITRE SECOND.

Des Modes ou Tons.

PAr le mot de Mode ou Ton, on entend la maniére de commencer, conduire & conclure un Air sur certaines cordes ou notes propres à chaque Mode ou Ton.

Les Anciens se servoient du terme de Mode, mais la plus grande partie des Modernes ont mis en usage celuy de Ton en la place de celuy de Mode, à cause que les differentes maniéres des Chants de l'Eglise s'appellent Tons.

Mais afin de faciliter les moyens de parvenir plus promptement à la Composition, je ne montrerai que deux Modes, sçavoir le Mode majeur, & le Mode mineur : daurant que ces deux Modes posez quelquefois plus haut & quelquefois plus bas, renferment tout ce que l'Antiquité a enseigné, & même les huit Tons que l'on chante dans l'Eglise, excepté quelques-uns qui se trouvent irreguliers.

Il ne sera pas difficile de faire la difference du Mode majeur d'avec le mineur, parce que le Mode majeur procéde par la tierce majeure depuis la note finale jusqu'à la médiante, & le Mode mineur procéde par la tierce mineure depuis la note finale jusqu'à la médiante.

Ces deux Modes ont chacun trois notes, qu'on appelle cordes ou notes essentielles.

Il y en a une qui sert de fondement aux autres, & qui sert à finir toutes les Piéces de Musique; c'est pour ce sujet qu'on l'appelle *Finale*.

La seconde s'appelle *Médiante*, & la troisiéme *Dominante*.

La note médiante eſt celle qui deſigne le Mode, pour faire connoître s'il eſt majeur, ou s'il eſt mineur.

Notes eſſentielles du Mode majeur.

finale. médiante. dominante.

Notes eſſentielles du Mode mineur.

finale. médiante. dominante.

De la Nature des Modes.

LE Mode majeur en general eſt propre pour des chants de joye; & le Mode mineur eſt propre pour des ſujets ſerieux ou triſtes : de ſorte qu'il n'y a point de paſſion qu'on ne puiſſe exprimer par ces deux Modes.

Exemples du Mode majeur ſur toutes les cordes de la Gamme.

finale. médiante. dominante.

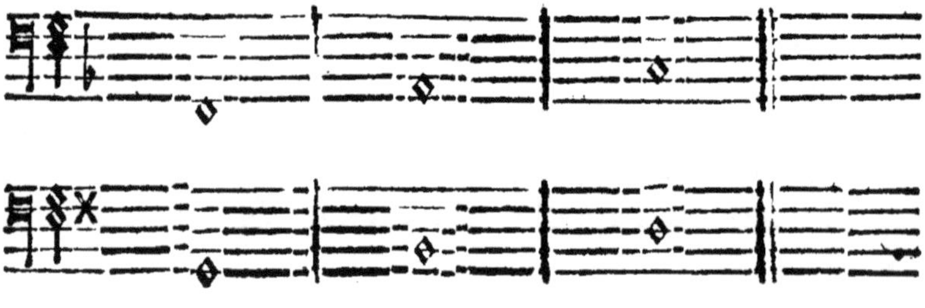

Exemples du Mode mineur sur toutes les cordes de la Gamme.

finale. médiante dominante.

On pourra dire, pour faire entendre le Mode majeur, *Tierce majeure*; & pour faire entendre le Mode mineur, *Tierce mineure*, ou comme quelques personnes disent, F *ut fa* béquarre, ou G *ré sol*, ou A *mi la*, *&c.* à l'égard du majeur. F *ut fa* bémol, ou G *ré sol*, ou A *mi la*, *&c.* à l'égard du mineur.

Quand on connoît bien la nature de chaque Mode, il faut ensuite s'efforcer à inventer un chant sur les cordes essentielles de l'un ou de l'autre Mode, ce qui s'appelle *Sujet*.

CHAPITRE III.

Du Sujet.

DAns la Musique, Sujet n'est autre chose qu'un chant étudié, qui est produit principalement par la force de l'imagination.

Il faut distinguer deux sortes de Sujets ; l'un simple, libre & sans embarras ; l'autre d'imitation de chant, qui demande beaucoup d'application & de conduite, que l'on appelle Fugue : Et comme la Fugue est un des plus difficiles articles de la composition, je me reserve d'en parler ailleurs à fond : J'expliqueray seulement icy le Sujet simple, où l'on verra la maniére de faire un Air dans une partie de Basse, & pareillement dans une partie de Dessus en particulier, c'est-à-dire sans avoir égard à d'autres Parties, mais ce ne sera qu'aprés que j'auray parlé de toutes les differentes Parties, & des differents Chants dont on se sert dans la Musique.

On entend par une Basse, la Partie qui chante toûjours au dessous des autres : & par un Dessus, on peut entendre toute Partie superieure.

Des Parties.

IL y a ordinairement quatre Parties dans la Musique, qui sont *la Basse*, *la Taille*, *la Haute-Contre & le Dessus*, qui sont distinguées les unes des autres par la differente position des Clefs.

On y ajoûte quelquefois *un Bas-Dessus & une Basse-Taille.*

Position des Clefs pour les Voix.

1. Dessus. Bas-Dessus. Haute Contre. 1re Taille. Basse-Taille. Basse.
ou 2. Dessus. ou H-T. ou 2. Taille.

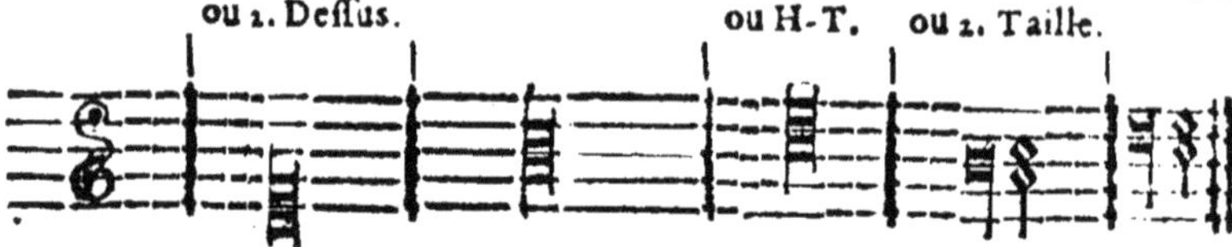

La Clef de G *ré sol* est posée sur la deuxiéme ligne d'en bas pour le Dessus : on se sert aussi indifferemment de la Clef de C *sol ut*, sur la premiére ligne d'en bas au lieu de la Clef de G *ré sol* pour le Dessus.

On doit remarquer que la Clef de G *ré sol* a plus d'étenduë en haut qu'en bas ; & au contraire la Clef de C *sol ut* en a plus en bas que celle de G *ré sol*.

Lors que les voix ont beaucoup d'étenduë en haut, on se sert des positions des Clefs suivantes, qui étoient fort en usage parmy les Anciens.

Dessus. Haute-Contre. Taille. Basse.

De l'étenduë qu'on doit donner à chaque Partie.

ON ne doit point donner plus de dix ou douze notes d'étenduë à chaqu Partie, afin de ne pas gêner les voix.

Suivant les premiéres positions des Clefs pour les voix, à la Clef de G *ré sol* on ne doit pas monter plus haut que l'A *mi la*, & encore ne doit-on toucher cette corde ou note qu'en passant.

La Haute-Contre ne doit pas passer le B *fa si*.

La Taille rarement le G *ré sol*.

La Baſſe rarement l'E *ſi mi*, & tout cela doit être reglé par la diſcretion du Compoſiteur.

Poſition des Clefs pour les Violons.

Deſſus. Haute-Contre. Taille. Quinte. Baſſe.

En Italie l'on poſe la Clef de G *ré ſol* ſur la deuxiéme ligne d'en bas pour le Deſſus de Violon.

CHAPITRE IV.

Des differents Chants.

IL y a trois ſortes de Chants ; ſçavoir le *Diatonique*, le *Chromatique* & l'*Enharmonique*. Le Diatonique eſt compoſé de ſept cordes ou notes principales. Le Chromatique eſt un Chant plus tendre, qui procéde par demi-tons majeurs & par demi-tons mineurs ; c'eſt de ces deux ſortes de Chants que nos Muſiques ſont compoſées. L'Enharmonique eſt un Chant qui ſe fait par quarts de tons, celuy-cy n'eſt pas en uſage à cauſe de la difficulté qu'il y a de le chanter.

CHAPITRE V.

Ce qu'il faut observer pour faire un Air ou de Basse ou de Dessus.

IL faut d'abord se proposer le Mode sur lequel on veut composer comme en F *ut fa*, en G *ré sol*, ou en A *mi la*; &c. & se déterminer au Mode majeur ou au Mode mineur, par rapport au sujet sur lequel on veut travailler; ensuite il faut poser la Clef, qui marque naturellement la qualité & l'étenduë de la voix qu'on veut faire chanter, & aprés la Clef, mettre le signe qui donne à connoître le mouvement de la mesure.

Avant que de poser le signe il faut prendre garde à celuy qui conviendra le mieux ou du 3. ou du 2. parce qu'il ne faut changer de mesure que le moins qu'il est possible, car c'est un deffaut d'en changer trop souvent.

Les deux ou trois premiéres notes d'un Air doivent estre en commençant sur les cordes essentielles du Mode.

Une Basse commence ordinairement par la note finale, rarement par la dominante, jamais par la médiante.

Une Partie superieure peut commencer par la note finale, par la médiante & par la dominante.

Quand on commence par la finale, on peut procéder en montant à le médiante A, ou à la dominante B, ou à l'intervalle d'une octave C, & rarement à celuy d'une quarte D, ou par degré conjoint E; Et dautant que les notes des cordes essentielles en commençant de cette maniére sont entremêlées d'autres notes qui ne ne sont pas sur les cordes essentielles, le Compositeur est averty de regler si bien le commencement de son Air, que la premiére partie de chaque temps de la mesure ne vienne point à tomber sur les notes entre-lacées, qui ne sont pas notes essentielles, parce qu'il faut (quand il y en a plusieurs dans un temps) que les essentielles soient toûjours sur la premiére partie du temps.

Pour démonstration de ces regles arrêtons-nous à C *sol ut*, tierce majeure.

Ce n'est pas qu'on ne puisse employer quelquefois la note qui suit la note finale en montant, quoy qu'elle ne soit pas une corde essentielle du Mode, & qu'elle se trouvât sur la premiére partie du temps de la mesure F; mais il faut reprendre aussi-tôt les cordes essentielles du Mode sur lequel on travaille.

Comme il est également permis (en commençant par la note finale) de descendre ou de monter, ainsi on peut tomber de la finale à la dominante G, de la finale à la mediante H, ou à l'octave I, ou par degrez conjoints K, & rarement on doit descendre à l'intervalle d'une quinte L.

On doit sçavoir que chaque Mode sur lequel on travaille un Air, (outre la finale, la médiante ou la dominante) a encore deux notes qui ont quelque rapport selon que le chant monte ou qu'il descend, lesquelles joüissent des mêmes privileges que les notes essentielles; c'est-à-dire qu'il est permis de faire fraper la premiére partie du temps de la mesure sur ces deux notes, de même que sur les notes essentielles du Mode.

La note qui a quelque rapport au Mode lorsque le chant monte, est la note élevée d'une sixte au dessus de la finale; & la note qui a quelque rapport au Mode lorsque le chant descend, est la note qui est immédiatement au dessous de la note finale.

L'Exemple pour la note lorsque le chant monte, est cy-aprés marqué à la lettre N. L'Exemple pour la note lorsque le chant descend, est cy devant à la lettre K. J'y renvoye, afin de ne pas multiplier les Exemples.

Quand on fait commencer la Basse par la dominante, on peut monter à l'octave de la finale M, ou monter par degrez conjoints N, ayant soin d'appuyer davantage sur la seconde note en montant que sur la troisiéme, parce qu'elle a rapport au Mode, comme je viens de dire.

Quand on commence un Air par la dominante pour descendre, on peut procéder à la médiante O ou à la finale P, ou descendre par degrez conjoints Q en évitant, comme il est déja dit, de faire tomber les notes qui ne sont pas essentielles au Mode, sur la premiére partie d'un temps de la mesure; On peut quelquefois descendre à la note qui est au dessous de la finale R.

Ce n'est pas qu'on ne puisse (en commençant par la dominante) descendre sur la note prochaine, quoy-qu'elle ne soit pas une corde essentielle, & qu'elle soit outre cela sur la premiére partie d'un temps de la mesure S ; mais ensuite il ne faut pas négliger de reprendre aussi-tôt les cordes essentielles du Mode sur lequel on travaille.

Aprés avoir expliqué le Mode majeur, je passe au mineur.

Il faut garder dans celuy-cy les mêmes regles que je viens de donner pour l'autre : car commençant une Basse ou une Partie superieure par la finale, on peut procéder à la médiante ou à la dominante, &c.

Les Exemples suivants suppléront à la repetition des mêmes regles.

On peut aller de la finale à une Sixte mineure dans le Mode mineur.

En se servant des diéses & des bémols dans la suite d'un Chant d'une seule Partie, il faut éviter de faire l'intervalle d'une seconde superfluë, tant en montant qu'en descendant.

EXEMPLE.

On doit remarquer que tous les repos qui se rencontreront dans un Air, doivent se trouver sur la premiére partie du temps de la mesure en frappant; Il en sera parlé plus amplement dans la suite.

Aprés une exacte observation de ces regles qui ne sont qu'une introduction pour entrer dans la composition d'un Air, il faut en produisant un Chant de son genie, parcourir tous les intervalles naturels; On peut encore se servir de ceux qui sont formez par le moyen des diéses, béquarres & bémols, tant en montant qu'en descendant, excepté ceux qui sont cy-aprés declarez. On ne pratique guéres les intervalles de *seconde superfluë*, ni de *tierce diminuée*, tant en montant qu'en descendant.

On ne pratique jamais les intervalles de *tierce superfluë*, de *triton*, de *quinte*, de *sixiéme superfluë*, non plus que de *sixiéme diminuée*.

On peut donner aux Parties superieures, tant en montant qu'en descendant l'intervalle d'une quinte diminuée; dans les Basses, on ne leur donne point l'intervalle d'une quinte diminuée en montant, mais seulement en descendant.

On employe rarement l'intervalle d'une ſixte majeure, tant en montant qu'en deſcendant pour les voix, à cauſe de la difficulté de l'intonation.

On peut donner l'intervalle d'une ſeptiéme majeure, mineure & même diminuée dans une Partie ſuperieure en deſcendant.

L'octave diminuée & l'octave ſuperfluë ſont défenduës.

Les Italiens pratiquent preſque tous les intervalles, tant dans leur Muſique Vocale, qu'Inſtrumentale; je croy qu'on les peut imiter dans l'inſtrumentale & non dans la vocale.

Aprés avoir conduit quelque temps un Chant en montant & en deſcendant, on doit faire une cadence.

CHAPITRE VI.

Des Cadences dans une ſeule Partie.

LE terme de Cadence, en fait de Compoſition, eſt different de celuy dont on ſe ſert dans le Chant.

Cadence, en matiére de Chant, n'eſt qu'un agrément qui ſe fait par la flexibilité ou le tremblement de la voix, ou de quelqu'inſtrument; & en matiére de Compoſition, il ſignifie *chûte* ou *concluſion* de Chant où les Parties viennent ſe rendre, afin que le chant prenne ſon repos avec le ſens des paroles.

Par Cadence on entend deux notes chantées de ſuite, provenant d'un chant dont la derniére des deux notes doit ſe trouver ſur une des cordes eſſentielles du Mode que l'on traite.

Le Mode majeur a deux Cadences, & le Mode mineur en a trois.

Le Mode majeur en a une à la finale & l'autre à la dominante.

Le Mode mineure en a une à la finale, une autre à la médiante, la troisiéme à la dominante.

Les Cadences se font par degrez conjoints & par degrez disjoints.

Les Cadences qui se font par degrez conjoints se terminent à la derniére de deux notes quelquefois en descendant & quelquefois en montant.

Exemple de la Cadence par degrez conjoints à la note finale.

Les petites notes noires qu'on voit dans les Exemples ne servent qu'à conduire simplement aux Cadences.

Les Cadences qui se font par degrez disjoints, tombent d'une quinte à la derniére des deux notes, ou elles y montent d'une quarte.

EXEMPLES.

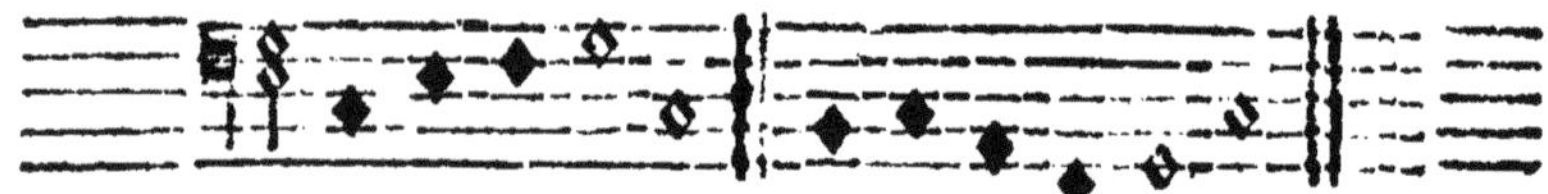

Exemple de la Cadence par degrez conjoints à la dominante.

Exemple de la Cadence par degrez disjoints à la dominante.

Exemple de la Cadence par degrez conjoints à la note finale dans le Mode mineur.

Exemple par degrez disjoints.

Exemple de la Cadence par degrez conjoints à la note médiante.

Exemple par degrez disjoints.

Exemple de la Cadence par degrez conjoints à la dominante.

Exemple par degrez disjoints.

Il y à encore une autre ſorte de Cadence qu'on peut appeller irreguliére, commune au Mode majeur & au Mode mineur & propre à la Baſſe, qui ſe fait à la dominante par degrez disjoints, deſcendant d'une quarte ou montant d'une quinte : L'on voit qu'elle eſt differente de la précédente Cadence par degrez disjoints, en ce qu'elle deſcend d'une quinte ou remonte d'une quarte.

Exemple de la Cadence du Mode majeur.

Exemple de celle du Mode mineur.

Une Partie ſuperieure peut terminer une Cadence immédiatement audeſſus ou audeſſous de la note finale, tant dans le Mode majeur que dans le Mode mineur.

Exemple pour le Mode majeur.

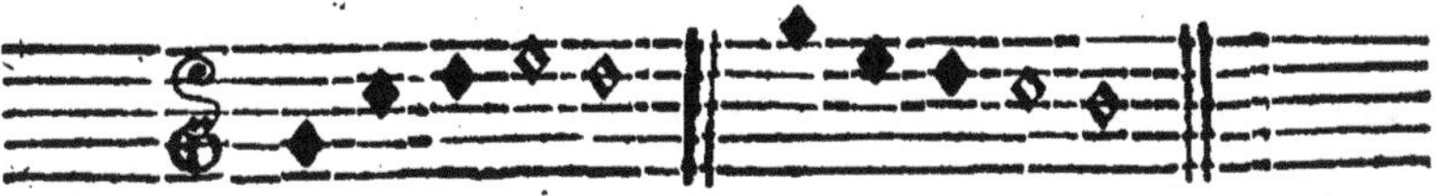

Exemple pour le Mode mineur.

Les Parties ſuperieures font toûjours leurs Cadences par degrez conjoints; La Baſſe les fait ordinairement par degrez disjoints,& rarement par degrez conjoints; Elle fait ſes Cadences par degrez conjoints,lorſqu'elle doit être accompagnée par une Baſſe-Continuë, à l'égard de laquelle elle eſt conſiderée comme Partie ſuperieure; Mais elle fait ordinairement ſes Cadences par degrez disjoints dans les Chœurs de Muſique où elle ſert de fondement à toutes les Parties.

La Cadence finale ſert à finir toutes les Parties de Muſique.

La Cadence qui ſe termine à la dominante ſert à finir la premiére partie d'un Air & d'une Ouverture, celle qui ſe termine à la médiante dans le Mode mineur, & celle que j'ay appellé irréguliére y ſervent auſſi.

La Cadence qui ſe termine à une note audeſſus ou à une note audeſſous de la note finale dans une Partie ſuperieure, peut ſervir encore à finir la premiére Partie d'un Air & d'une Ouverture.

Dans le Mode majeur, aprés la Cadence à la dominante laquelle finit toûjours la premiére Partie d'un Air & d'une Ouverture, les cordes eſſentielles pour en continuer la seconde partie, sont *sol si ré*, & non pas *ut mi sol*.

Dans le Mode mineur, aprés la Cadence à la dominante, le Chant ne peut procéder que par *la ut mi*; & aprés la Cadence à la médiante il ne peut continuer qu'en se servant de *fa la ut*.

Dans la suite d'une Piéce on peut faire des Cadences sur toutes les cordes du Mode que l'on traite, pourvû qu'elles soient preparées; mais il n'en faut point faire deux de suite sur la même corde

Quand on veut faire une Cadence qui n'est pas essentielle au Mode que l'on traite, on doit auparavant pratiquer les cordes qui sont essetielles par rapport à la Cadence; c'est-à-dire les notes qui sont à une tierce & à une quinte de la note qui termine la Cadence, & il faut même quelquefois donner un diése ou un bémol à quelques notes, afin d'entrer tout-à-fait dans la modulation de la Cadence, comme plusieurs Exemples cy-devant l'ont fait voir.

CHAPITRE VII.

Ce qu'il faut observer quand on met des paroles en Chant.

ON doit avoir soin d'exprimer les syllables du discours qui sont longues par des notes d'une valeur convenable, & celles qui sont bréves par des notes de moindre valeur; en sorte que l'on en puisse entendre le nombre aussi aisément que par la prononciation d'un Déclamateur.

Il y a deux maniéres de mettre des paroles en Musique; La premiére est ce qu'on appelle Recitatif ou Recit de quelque Histoire, comme dans les Opera & dans quelques Motets ; le chant en doit être plus parlant, pour ainsi dire, que chantant.

La seconde maniére est celle qui exprime une certaine reflexion en forme de Sentence ou Maxime, ce qu'on appelle communément Air ; & cette maniére doit posseder tout le beau chant, toute la tendresse, la gayeté & la douceur qu'il peut avoir par rapport au sujet.

Quand on fait un Chant pour des paroles, il faut aller jusqu'à un sens parfait avant que de faire des repétions ; c'est-à-dire qu'on doit poursuivre le Chant jusqu'au bout d'une phrase ou d'une demi-phrase, auparavant que d'entrer dans la repétion de quelques mots de la phrase ; & quand on le fait, les mots doivent être bien propres & bien choisis pour en rendre la repétition agréable.

Il faut avoir soin dans l'arangement des paroles que l'on met en mesure de regler si bien & si naturellement les choses, que les paroles que l'on employe, lorsqu'elles sont ou qu'elles paroissent avoir un sens parfait, viennent presque toûjours en frappant : Les Exemples qu'on en peut voir dans les bons Auteurs feront connoître la pratique de ces regles. En voicy deux tirez des Opera. *Quand on est aimé*, dans l'Opera d'AMADIS. *Non, non je ne puis plus souffrir*, dans celuy de PERSÉE, dans lesquels endroits il faut remarquer qu'il y a un espéce de repos, & quelque sorte de sens à la fin des paroles, & que la derniére syllabe de chaque Exemple se rencontre sur la premiére partie d'un temps de la mesure en frappant.

Il faut garder la même conduite dans les progrés d'un Air : Les Cadences doivent être reglées de la méme façon ; c'est-à-dire qu'il les faut faire finir le plus souvent en frappant.

L'expression du Chant pour répondre à celles des

paroles, dépend de l'invention & du juste discernement du Compositeur; Cette expression étant soûtenuë & perfectionnée par une judicieuse diversité du mouvement de la mesure, a la force & la vertu de faire passer l'ame d'une passion à une autre; ce qui est une preuve naturelle de la perfection d'un Ouvrage.

Fin de la premiére Partie.

SECONDE PARTIE.

CHAPITRE PREMIER.

De l'Harmonie.

N a dit, au commencement de la prémiére Partie, que l'Harmonie est une union de plusieurs sons differents, accordez & chantez ensemble avec art.

Il y a deux sortes d'Harmonies, l'une parfaite & l'autre imparfaite.

La parfaite est un mélange de trois ou quatre Parties comme *Dessus*, *Haute-Contre*, *Taille* & *Basse*.

L'imparfaite est celle qui se fait par l'union de deux Parties seulement, dont j'enseigneray la Composition, aprés que j'auray expliqué les Consonnances & les Dissonances que l'on y fait entrer.

Voicy l'explication des chiffres qui servent à connoître les consonances & les dissonances.

Le 1er est regardé comme le principe des autres: Par le 2. on entend une seconde; Pas le 3. une tierce; Par le 4. une quarte; Par le 5. une quinte; Par le 6. une sixte ou sixiéme; & par le 7. une septiéme.

Il faut remarquer que ces nombres se doublent & se repliquent, & se souvenir que le 8. qu'on appelle octave se rapporte à 1; que le 9. qu'on appelle neuviéme se rapporte à la seconde; le 10. qu'on nomme dixiéme à la tierce, ainsi du reste. Pour éviter la confusion des noms, il faut appeller les repliques du nom de leurs simples.

Dans ces nombres ainsi expliquez, sont contenuës les consonances & les dissonances.

Les consonances sont la tierce, la quinte, la sixte & l'octave.

La quarte est mixte, parce qu'elle est prise quelquefois pour consonance, & quelquefois pour dissonance.

Les consonances se divisent en consonances parfaites & imparfaites; les consonances parfaites sont l'octave & la quinte, quelques-uns y ajoûtent la quarte; les consonances imparfaites sont la sixte & la tierce.

L'octave est la plus douce de toutes les consonances, & la moins harmonieuse, parce qu'elle a beaucoup de rapport à l'unisson.

La quinte est aprés l'octave le plus doux de tous les accords; mais elle est plus harmonieuse que l'octave, comme ayant moins de rapport à l'unisson.

La quarte est la moins agréable de toutes les consonances; il y a eu des Auteurs qui l'ont absolument deffenduë quand elle est contre la Basse, & qui n'ont pas laissé toutefois de la reconnoître pour consonance entre les Parties superieures.

La sixte & la tierce sont des consonances qu'on appelle imparfaites, parce qu'elles se trouvent tantôt majeures & tantôt mineures.

A l'égard des sixtes, les mineures sont plus agréables que les majeures: quant aux tierces, les majeures sont plus harmonieuses que les mineures, & on peut même dire qu'elles le sont plus que toutes les autres consonances.

Les dissonances se divisent en justes & en fausses.

Les justes sont la seconde, la quarte (quoyque mixte) & le septiéme.

Les dissonances fausses sont la seconde superfluë, la seconde diminuée, la tierce superfluë & la tierce diminuée, le triton ou quarte superfluë, la quarte diminuée, la quinte superfluë, & la quinte diminuée, la septiéme diminuée, l'octave superfluë & l'octave diminuée.

Toutes ces consonances & toutes ces dissonances se repliquent; mais pour éviter la confusion des noms, j'appelleray les repliques du nom de leurs simples.

Du Contrepoint.

PAr le terme de Contrepoint, il faut entendre l'Harmonie, qui est l'assemblage de deux ou plusieurs voix, ou parties distantes l'une de l'autre par des intervalles commensurables.

La Partie qui chante audessous des autres dans la Musique est la baze & le fondement des autres Parties, puisqu'on les bâtit sur elle : En effet, les accords ne sont tels ou tels accords, que par le rapport qu'ils ont avec elle. Par exemple, la tierce n'est tierce qu'à cause qu'elle est élevée audessus de la Basse de trois degrez, & la quinte que parce qu'elle l'est de cinq, & ainsi du reste.

La bonne Harmonie consiste à sçavoir pratiquer les consonances & les dissonances, parce que les unes & les autres entrent dans la Composition.

CHAPITRE SECOND.

Regles pour composer à deux Parties.

IL est à présumer que les Anciens ont fondé les Regles de la Composition sur la variété des accords & sur les mouvements des Parties.

La varieté des accords consiste à n'en point faire deux d'une même espéce de suite, comme deux octaves, deux quintes, quand les deux Parties montent ou descendent ensemble.

EXEMPLE.

La variété des mouvements se fait lors qu'une partie monte & que l'autre descend.

Il y a deux sortes de mouvements, sçavoir mouvement semblable & mouvement contraire.

Mouvement semblable, c'est lorsque les deux parties montent ou descendent ensemble; & mouvement contraire, c'est lors qu'une partie monte pendant que l'autre descend, soit par degrez conjoints, soit par intervalle.

Quand on veut composer une Piéce, il est libre de commencer par le Dessus ou par la Basse; mais je croy qu'il qu'il y a moins de difficulté à commencer par la Basse & y faire ensuite un Dessus, que de composer une Basse sur un Dessus.

Il faut prendre une Basse dans un Livre pour y faire un Dessus, ou en faire une de son genie.

On doit commencer ou par l'Octave, ou par la tierce, ou par la quinte, rarement par la sixte ou par une dissonance.

On ne commence par la sixte & par une dissonance que pour une Fugue, cela se pratique sur la derniére partie d'un temps de la mesure.

Quand on ne compose qu'à deux Parties, on commence ordinairement par l'octave, & on y finit toûjours.

Pour s'exercer & se rendre la Composition plus familiére, il me paroît fort utile de faire d'abord toutes sixtes sur toutes les notes d'une Basse qu'on aura ou faite ou choisie : En second lieu, de faire toutes tierces: En troisiéme lieu, des tierces & des sixtes alternativement; Et enfin, entremêler toutes les consonances avec jugement, & conformément aux Regles qui seront cy aprés.

L'unisson qui ne rend aucune harmonie, & qui n'a pas plus de rang dans la Musique que l'unité dans les nombres, ne laisse pas d'être d'usage : On s'en sert pour commencer & pour finir, & même dans le milieu d'une Piéce, de la même façon que de l'octave; mais hors des cadences, on doit les éviter l'une & l'autre, à moins que ce ne soit pour faire de plus beaux Chants.

Exemple de l'Unisson en toutes les Parties.

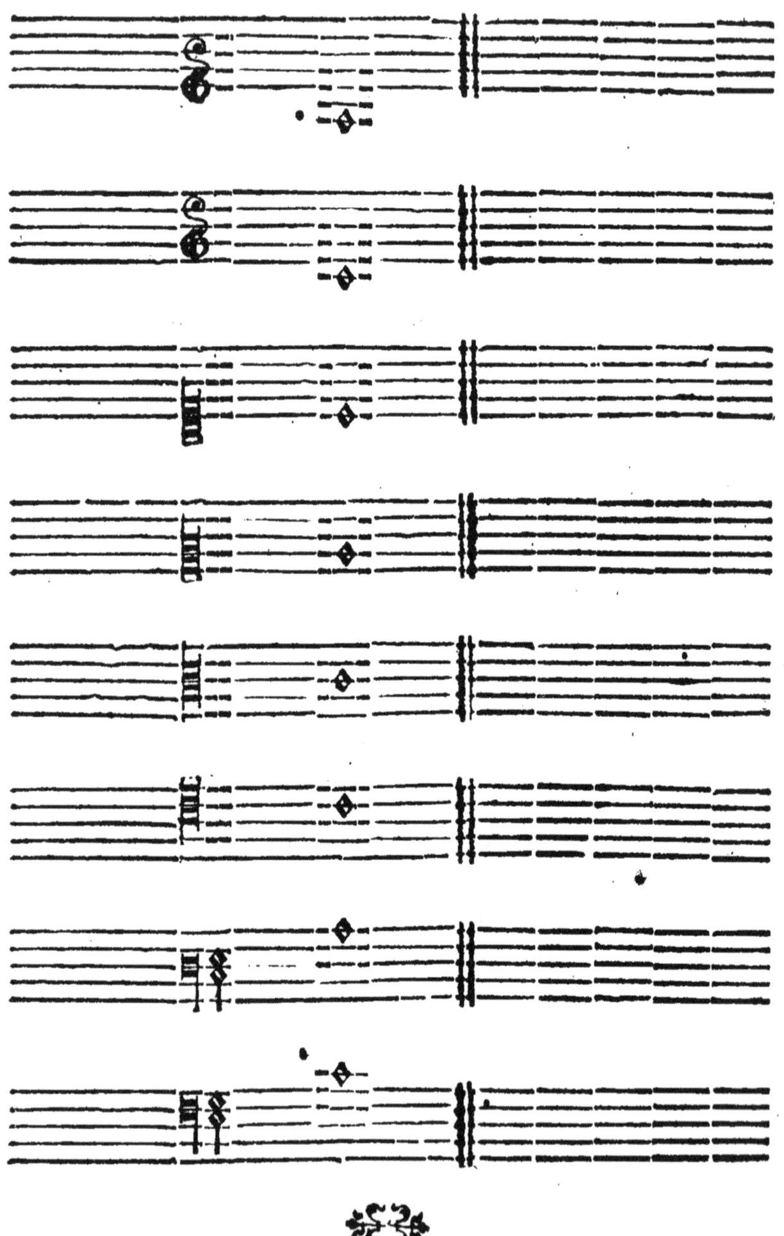

CHAPITRE III.

Du choix qu'il faut faire de la Quinte ou de la Sixte.

ON doit toûjours se servir de la Quinte sur la derniére note des cadences, & même sur toutes les autres notes d'un Chant, excepté sur la médiante du Mode que l'on traite.

Suivant la modulation d'une Basse, il y a des accords affectez à certaines notes; c'est-à-dire qu'on doit observer quelque corde du Mode que l'on traite, tant dans le Mode majeur que dans le Mode mineur: Par exemple, la Basse d'*ut mi sol ut* demandera pour accord une Sixte sur le *mi*, qui a du rapport au Mode majeur, & non une Quinte qui ne se trouve pas dans ces quatre notes *ut*, *mi*, *sol ut*; de même la Basse de *ré*, *fa*, *la*, *ré*, demandera pour accord sur le *fa* une Sixte & non une Quinte, qui ne se trouve pas dans ces quatre notes *ré*, *fa*, *la*, *ré*.

EXEMPLES.

Quand les *fa* sont diésez ils passent pour des *mi*, & quand les *mi* ont des bémols ils passent pour des *fa*.

Lorſque l'on commence un autre Chant, on eſt obligé de garder la corde du Mode ou du Chant où l'on entre, de même que celuy par où on a commencé.

Quand la Baſſe dit *mi ſol* ou *ſol mi*, on fait ordinairement ſur le *mi* la ſixte, & la tierce ſur l'autre, excepté lorſque la Baſſe vient à deſcendre du *ſol* au *mi* pour monter au *la*; car pour lors il faut faire la quinte ſur le *mi*.

EXEMPLES.

Quand la Baſſe monte ou deſcend d'un demi-ton, comme *mi fa* ou *fa mi*, ou *ſi ut* ou *ut ſi*, ou qu'elle monte ou deſcend par le moyen d'un bémol ou d'un diéſe, ou d'un béquarre, on fait ordinairement le ſixte mineur ſur le *mi* & le *ſi*, *&c.* Sur l'autre on y fait ordinairement la tierce ou la quinte.

EXEMPLES.

On doit remarquer que les *fa* paſſent pour des *mi* dans les Piéces tranſpoſées ou déclavées, & les *ut* pour des *ſi*.

EXEMPLES.

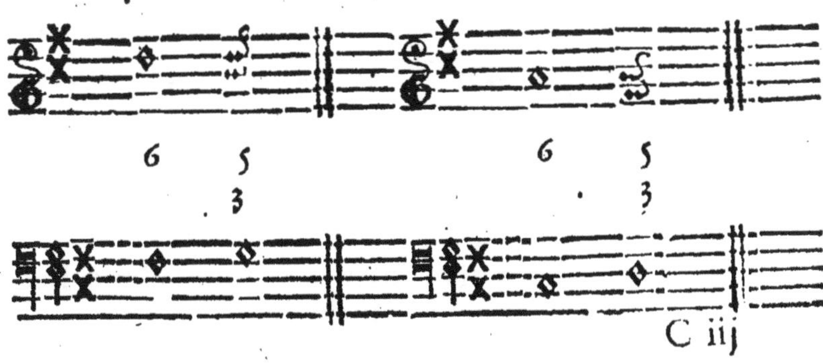

Lorsque la Basse monte d'un demi-ton comme *mi fa* ou *si ut*, on se sert quelquefois de la Sixte majeure sur le *mi*, elle doit être suivie de la majeure ou mineure, comme il est dit cy-aprés; quelquefois de la tierce, jamais de la quinte ni de l'octave.

EXEMPLES.

Toutes les consonnances peuvent se suivre les unes & les autres, quand la Partie superieure ne fait point de mouvement.

EXEMPLES.

Toutes les consonances peuvent être précédées & suivies les unes des autres sur deux notes d'une Basse ou plusieurs qui sont en même degré.

EXEMPLES.

Les sixtes & les tierces se pratiquent ordinairement suivant qu'elles se trouvent naturellement avec les notes de la Basse

On peut repéter deux octaves, deux quintes sur une même note d'une Basse.

EXEMPLES.

On doit, comme j'ay dit cy-devant, éviter deux octaves & deux quintes de suite, quand les Parties montent & descendent ensemble; mais à l'égard de deux sixtes ou de deux tierces, soit que les deux sixtes soient mineures, soit que les tierces soient majeures, on affecte souvent de les pratiquer pour la beauté du Chant ou pour l'expression des Paroles.

EXEMPLES.

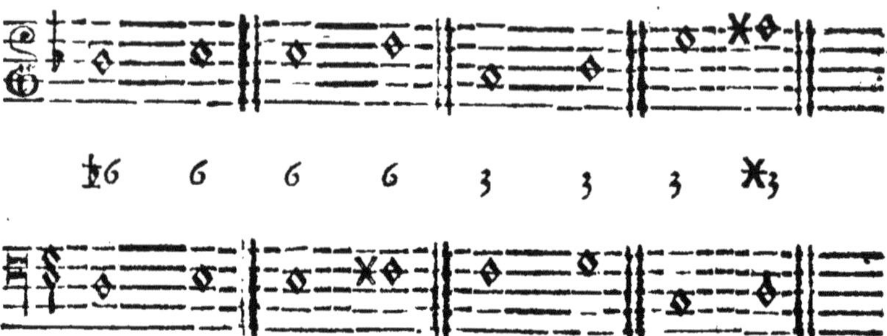

Comme l'on est obligé (quand on Compose pour les voix) de faire monter & descendre la Partie superieure pour luy trouver du beau Chant, il est necessaire d'enseigner en détail les consonances qui peuvent se suivre & ne se suivre pas, suivant les differents mouvements & intervalles de la Basse.

La Quinte peut être précédée & suivie de l'octave, pourvû que la Partie superieure & la Basse procédent par mouvement contraire ou que la Partie superieure procéde par degrez conjoints

EXEMPLES.

La Quinte peut être précédée & suivie de la sixte, pourvû que la Basse ne monte ou ne descende que d'une tierce ou d'une sixte.

EXEMPLES.

L'Octave peut être précédée & suivie de la sixte, pourvû qu'une des deux Parties procéde par degrez conjoints.

EXEMPLE.

La Quinte peut avoir la sixte devant elle, pourvû que la Basse descende seulement d'une ~~sixte~~. Tierce

EXEMPLES.

On ne doit point mettre la quinte aprés la sixte quand la Basse descend par degrez conjoints, parce que la Partie superieure remplissant toûjours son intervalle pour faire un Chant plus lié, on trouveroit deux quintes de suite.

EXEMPLES.

La Quinte peut être précédée & suivie de la tierce.

EXEMPLES.

L'Octave peut être précédée & suivie de la tierce, pourvû que les Parties procédent par mouvement contraire ou que la Partie superieure aille par degrez conjoints.

3 8

La ſixte & la tierce peuvent être miſes indifferemment l'une devant l'autre.

EXEMPLES.

Lorſque la Baſſe procéde par degrez conjoints ou par intervalle de tierce, & qu'on met la tierce aprés la ſixte ou la ſixte aprés la tierce, il eſt bon d'obſerver que l'une ſoit majeure & l'autre mineure, comme on le voit dans les Exemples ſuivans.

Quand on veut, l'on peut remplir tout intervalle de tierce des Parties, en ajoûtant une note qui doit diminuer de moitié la valeur de la précédente, sans avoir aucun égard à la dissonance causée par cette note ajoûtée.

Pour ne rien obmettre de tout ce qu'on peut dire, touchant les consonances qui peuvent se suivre ou ne se suivre pas, on a dressé une Table cy-aprés, où sont renfermez tous les progrés ou intervalles que peut faire la Basse, tant en montant qu'en descendant, & ceux de la Partie superieure avec tous leurs degrez differens; On verra dans cette Table tous les Accords qui peuvent s'entresuivre, & ceux qui ne le peuvent pas, suivant la maniére des plus habiles Maîtres Modernes de France.

Sur chaque intervalle ou exemple de la Table, il y a une Lettre qui marque la qualité des Accords qui peuvent se suivre, ou ne se suivre pas; Le B signifie bon, l'M mauvais, & le P passable.

Quand vous serez en doute si une consonance est bonne aprés une autre, vous aurez recours à la Table, pour voir si 8. devant 6. est bon, méchant ou passable; 6. devant 8. de même; 6. devant 5, & 5. devant 6, & ainsi des autres, suivant les progrés ou intervalles que la Basse fera avec les mouvemens des deux parties.

CHAPITRE IV.

Maniére de pratiquer les Accords.

IL y a deux maniéres de pratiquer les Accords sur une Basse; La premiére est, lors qu'on joüe sur la Partie de Basse pour accompagner; La seconde est, quand on compose pour les voix.

Quand on jouë sur la Basse pour accompagner, les Parties superieures pratiquent tous les Accords qui peuvent être faits sans quitter la corde où ils se trouvent; ou bien elles doivent prendre ceux qu'on peut faire avec le moindre intervalle, soit en montant soit en descendant.

Lorsque l'on compose pour les voix, l'on fait monter & descendre les Parties avec jugement, afin de leur donner du beau Chant par cette varieté.

La premiére maniére de pratiquer les Accords est avantageuse à ceux qui commencent à travailler, pour apprendre en peu de temps les Regles de la Composition.

Exemple de la premiére maniére.

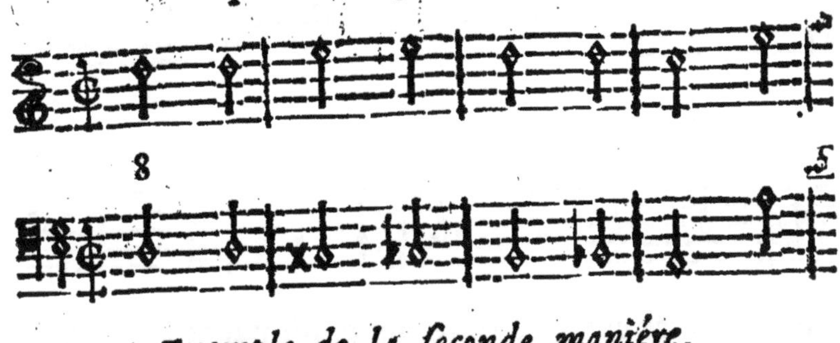

Exemple de la seconde maniére.

Quand la Basse a des notes diesées par accident, on n'y doit faire ni Octave ni Quinte.

On ne se sert guére ni d'Octave ni de Quinte sur les *mi* & les *si* d'une Basse.

Autre Exemple de la premiére maniére.

Autre Exemple de la seconde maniére.

Aprés s'être exercé à faire des consonances sur chaque note d'une Basse, il sera facile à comprendre comment on peut faire plusieurs accords sur une seule note de Basse, parce que ce sont les mêmes r egles qu'il faut observer, excepté seulement qu'on est obligé d'employer plusieurs notes de moindre valeur, qui toutes ensemble doivent répondre à la valeur de la seule note de la Basse.

Il faut observer que cette maniére de faire plusieurs consonances sur une seule note est aussi commune à la Basse, & à toutes les autres Parties ; ainsi il est libre au Compositeur de faire un Accord simplement, ou d'en faire plusieurs sur une même note d'une Basse ou d'une autre Partie.

EXEMPLE.

EXEMPLE.

On doit faire des Cadences à la fin des Chants d'une Piéce.

CHAPITRE V.

De la Cadence à deux Parties.

LEs Cadences dans une Partie de Baſſe ſe font par degrez conjoints ou par degrez disjoints ſoit à la finale, à la médiante ou à la dominante; mais la Partie ſuperieure les fait toûjours par degrez conjoints, ce que j'ay montré dans la premiére Partie de ce Traité.

Quand la Baſſe fait ces cadences par degrez conjoints en deſcendant, l'octave doit être precédée de la ſixte majeure; & quand elle fait ſes cadences par degrez conjoints en montant, elle doit être precédée de la tierce mineure, ſoit à la finale, ſoit à la dominante.

Cadence par degrez conjoints à la note finale du Mode majeur.

Cadence par degrez conjoints à la dominante du Mode majeur.

Quand la Basse fait ses cadences par degrez disjoints, l'octave doit être précédée de la quinte ou de la tierce majeure, soit à la finale, soit à la dominante.

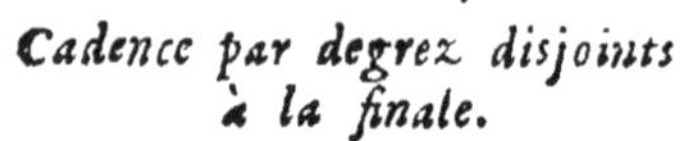
Cadence par degrez disjoints à la finale.

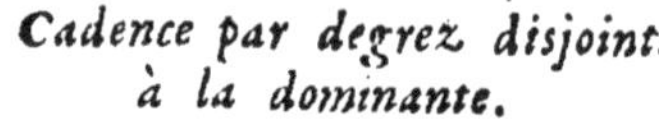
Cadence par degrez disjoints à la dominante.

Toutes ces Cadences se divisent en Cadence parfaite & imparfaite, soit par degrez conjoints, soit par degrez disjoints, soit à la finale, à la médiante, ou à la dominante.

La Cadence est parfaite, lorsque la Partie superieure vient se terminer sur une même corde avec la Basse; comme l'on voit dans les Exemples cy-devant.

La Cadence imparfaite, que d'autres appellent rompuë, est celle où la Partie superieure ne se termine pas sur la même corde que la Basse; c'est-à-dire, qu'elle fait un autre accord avec la Basse au lieu de faire l'octave, soit dans le Mode majeur, soit dans le Mode mineur.

Cadence imparfaite par degrez conjoints à la finale du Mode majeur.

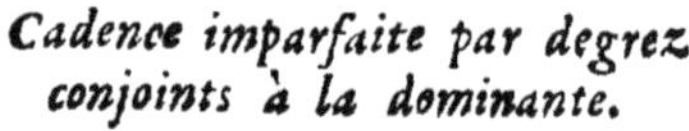
Cadence imparfaite par degrez conjoints à la dominante.

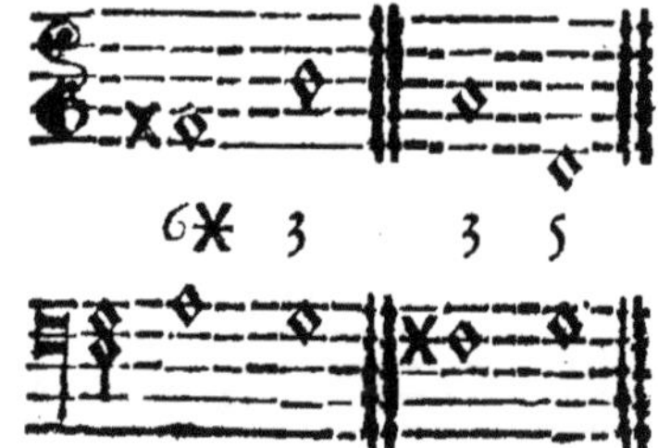

Cadence imparfaite par degrez disjoints à la note finale

Cadence imparfaite par degrez disjoints à la dominante.

On doit remarquer que ce ſont les mêmes regles pour le Mode mineur, que pour le Mode majeur.

La Baſſe peut rendre la Cadence finale, mediante & dominante imparfaites, auſſi bien que la Partie ſuperieure, l'orſqu'elle ne deſcend que d'une tierce, au lieu de deſcendre d'une quinte, ou lorſqu'elle ne monte que d'un degré, au lieu qu'elle devroit monter à l'intervalle d'une quarte: Cela s'apprendra aſſez en voyant les Ouvrages des bons Auteurs.

Cadence par degrez conjoints à la finale du Mode mineur.

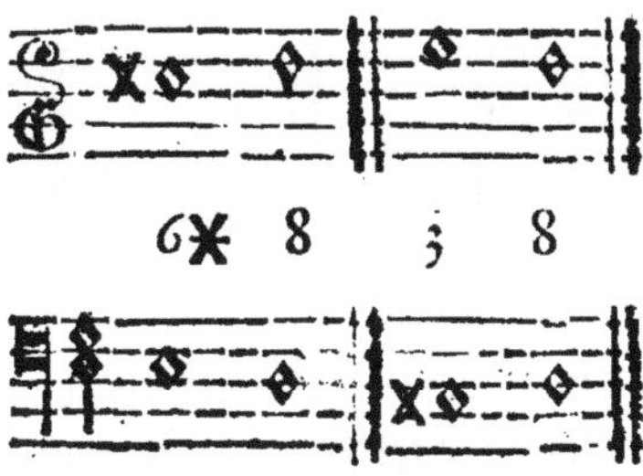

Cadence par degrez conjoints à la médiante.

Cadence par degrez conjoints à la dominante.

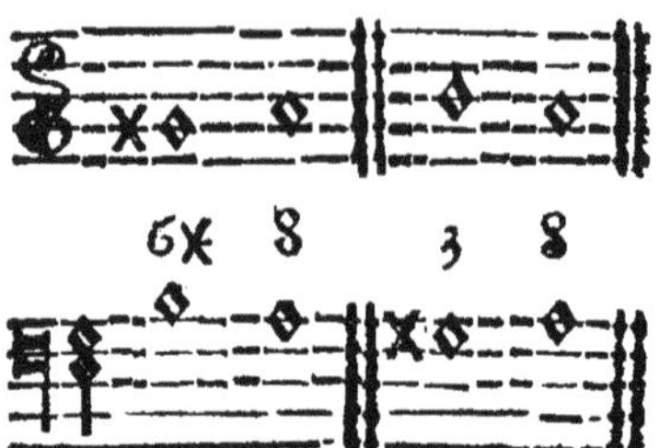

Cadence par degrez disjoints à la finale.

Cadence par degrez disjoints à la médiante.

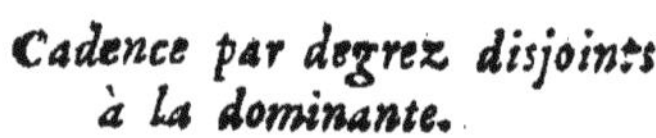

Cadence par degrez disjoints à la dominante.

Toutes ces Cadences ſe diviſent en Cadence parfaite & imparfaite, ſoit par degrez conjoints, ſoit par degrez disjoints, de même que dans le Mode majeur.

Quand je parle des Cadences par degrez conjoints & par degrez disjoints, je considere en premier lieu la Basse, par ce que la Partie superieure fait toûjours ses Cadences par degrez conjoints ; comme il est deja dit, excepté dans les Cadences imparfaites.

Cadence imparfaite par degrez conjoints à la finale, du Mode majeur.

Cadence imparfaite par degrez conjoints à la médiante.

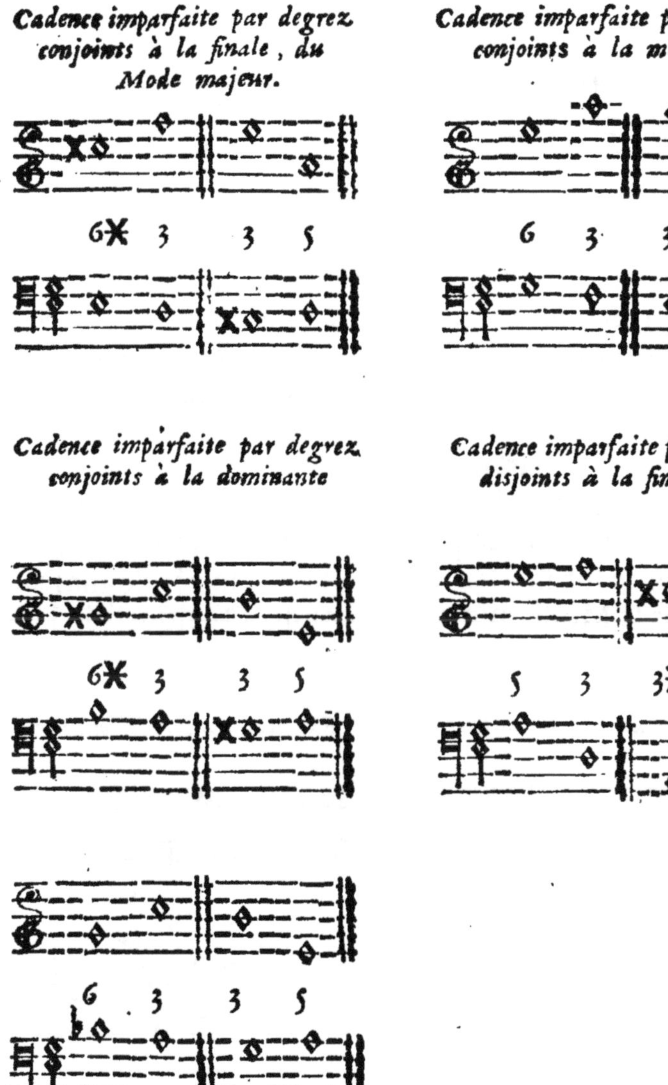

Cadence imparfaite par degrez conjoints à la dominante

Cadence imparfaite par degrez disjoints à la finale.

Cadence imparfaite par degrez disjoints à la médiante.

Cadence imparfaite par degrez disjoints à la dominante.

Il y a encore une sorte de Cadence aussi bien dans le Mode majeur que dans le Mode mineur, qu'on peut appeler irreguliére, qui se fait à la dominante, & qui est toute opposée à celle que la Basse fait par degrez disjoints, parce qu'elle tombe à la dominante d'une quarte seulement, & y monte d'une quinte : Ce que j'ay fait voir en parlant des Cadences cy-devant.

Quand on compose à deux Parties, on fait ordinairement la tierce sur la premiére note de cette Cadence, & la quinte sur la derniére, tant dans le Mode majeur que dans le Mode mineur, Exemple. Quelquefois l'octave sur la premiére, & la tierce sur la seconde.

Exemple du Mode majeur.

Exemple du Mode mineur.

On peut appeller cette Cadence, si l'on veut, imparfaite, à cause que la Partie superieure ne finit pas sur la même corde avec la Basse.

Cette Cadence sert dans le milieu d'une Piéce pour surprendre agréablement les Auditeurs, en faisant cesser toutes les Parties avec jugement pour les faire reprendre toutes ensemble, ou deux ou trois, l'une aprés l'autre, ou trois ensemble; Elle peut encore servir à la premiére Partie d'un Air ou d'une Ouverture, de même que la Cadence dominante.

CHAPITRE VI.

Ce qu'il faut observer pour préparer une Cadence.

QUand on veut passer d'un chant à un autre ou faire une Cadence, on doit se servir des tierces ou des sixtes qui approchent le plus du chant ou de la Cadence que l'on veut faire. Par exemple, si l'on vouloit entrer de C *sol ut* en D *la ré*, il faudroit faire la tierce majeure sur le premier *la* de l'Exemple suivant; au contraire, si l'on vouloit entrer de D *la ré* en C *sol ut*, il faudroit faire la tierce mineure sur le premier *la* dans le second Exemple suivant.

Premier Exemple.

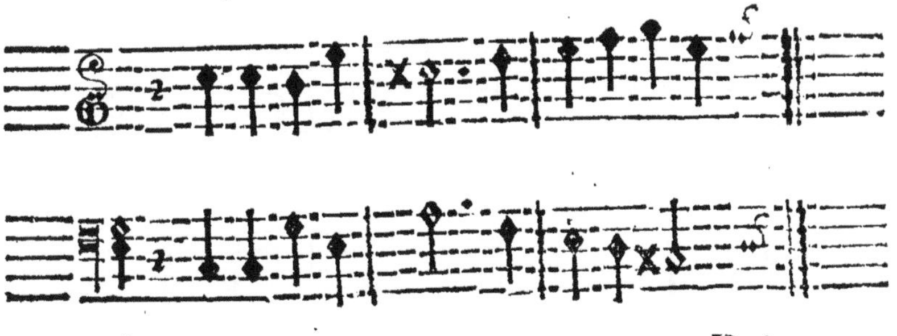

Second Exemple.

Si l'on vouloit entrer d'A *mi la*, tierce mineur, en G *ré sol*, il faudroit faire la tierce majeure sur le premier *ré* de l'Exemple suivant, ou au moins sur le second A. On doit remarquer que la Basse peut descendre aprés le *ré* où le Dessus a fait la tierce majeure, d'une tierce majeure ou d'une tierce mineure.

Quand on sort d'A *mi la* pour faire une Cadence en F *ut fa*, on est obligé de faire la tierce mineure sur le *sol* dans le deuxiéme Exemple, & même sur le *la* qui est auparavant.

Quand on veut faire une Cadence en E *si mi*, on est obligé de faire la sixte majeure sur le *la* le plus proche de la Cadence, comme l'on voit dans le premier Exemple.

Quand on veut entrer d'A *mi la* en D *la ré*, on doit faire la tierce majeure sur le premier *la*, comme le second Exemple suivant le fait voir.

On est obligé de faire la tierce mineure sur les *ré* du premier Exemple suivant.

Sur le premier *mi* du second Exemple on est obligé de faire la tierce majeure.

On doit remarquer que la Cadence d'A *mi la*, qui eſt la Cadence dominante du Mode de D *la ré* mineur, donne lieu d'entrer dans le Mode de C *ſol ut* majeur, parce qu'elle eſt amie de ce Mode.

CHAPITRE VII.

Pratique des Diſſonances à deux Parties.

QUoy-que les Diſſonances ne ſoient pas agréables d'elles-mêmes, on ne laiſſe pas de s'en ſervir, On peut dire qu'elles font un effet preſque auſſi admirable que les Conſonances, & qu'elles ont cet avantage particulier, (étant placées judicieuſement) de rendre la Muſique plus harmonieuſe & plus agréable, que s'il n'y avoit que des conſonances toutes ſeules.

Je ne trouve que trois raiſons pour leſquelles on pratique les Diſſonances.

La premiére raiſon eſt pour en faire entendre toute la dureté & pour donner par là une expreſſion triſte & lugubre à un Chant, ſoit qu'il ait des paroles, ſoit qu'il n'en ait point.

La ſeconde raiſon eſt, pour contribuer à la beauté du Chant, en ajoûtant une note qui en fait l'ornement, & qui luy donne de l'agrément, laquelle fait Dissonance.

La troisiéme est, pour remplir les intervalles ; c'est-à-dire, pour faire un Chant plus lié & plus suivi.

Les Dissonances qu'on pratique pour en faire entendre la dureté, doivent se rencontrer sur le frappé ou sur la premiére partie d'un temps de la mesure ; mais celles qui se font pour la beauté du Chant, ou pour remplir les intervalles, doivent se trouver sur le levé, ou sur la seconde partie d'un temps de la mesure.

L'on ne se sert point de Dissonances qu'elles ne soient préparées, ou par la Partie superieure ou par la Basse.

Les Dissonances qu'on employe pour faire entendre leur dureté, doivent être préparées & sauvées ; Celles qu'on fait pour la beauté du Chant, ou pour remplir les intervalles, doivent être préparées seulement.

Par préparer, j'entens que la Partie qui prépare est obligée d'avoir une note ronde ou deux blanches, ou deux noires ou deux croches en même degré : Et par sauver, j'entens que la méme Partie doit descendre par degrez conjoints immédiatement aprés la note ronde, ou aprés les deux blanches, ou les deux noires, ou enfin les deux croches ; c'est-à-dire aprés la Dissonance qui se fait toûjours sur la note préparée, laquelle est la seconde partie de la note ronde, ou la deuxiéme des deux blanches, ou des deux noires, ou des deux croches.

Quand les Dissonances sont préparées & sauvées par la Basse, elles peuvent être précédées & suivies presque de toutes les consonances.

Les Dissonances qui sont préparées & sauvées par la Partie superieure, doivent être suivies naturellement des Accords qui sont au dessous d'elle immédiatem ent comme la neuviéme doit être suivie de l'octave, la septiéme de la sixte, & la quarte de la tierce.

On distingue la neuviéme de la seconde dans la Composition, en ce que la neuviéme se trouve toûjours sur la premiére partie d'une note ronde d'une Basse, ou sur la premiére de deux notes blanches en même degré, de deux noires ou de deux croches; & que la seconde ne se trouve que sur la derniére partie de la note ronde de la Basse, ou sur la seconde des deux blanches en même degré, de deux noires, ou de deux croches, & de plus en ce qu'elles exigent des accompagnements differents, comme il en sera parlé dans la Composition à quatre Parties.

De la Neuviéme.

LA Neuviéme doit être précédée de la tierce, ou de la quinte.

Elle doit être précédée par la tierce quand la Basse monte par degrez conjoints, & par la quinte quand elle monte d'une quarte; elle doit être suivie de l'octave, comme il est dit cy-devant.

EXEMPLE.

La Neuviéme peut être encore ſuivie ou de la ſixte, ou de la quinte, ou de la tierce : Elle doit être ſuivie de la ſixte, quand la Baſſe (au lieu de tenir toute la note ronde, ou d'avoir deux blanches en même degré, ou deux noires ou deux croches, comme dans les Exemples précédents) monte d'une tierce, Exemple A : Elle doit être ſuivie de la quinte quand elle monte d'une quarte, B, & de la tierce quand elle deſcend de l'intervalle d'une tierce, C.

Il vaut mieux que la Neuviéme ſoit ſuivie de la tierce, ou de la ſixte, que de l'octave & de la quinte, & ainſi de la ſeconde & de la ſeptiéme.

On fait ordinairement durer une Diſſonance la valeur d'un temps de la meſure pour faire goûter avec plus de plaiſir, la Conſonance qui ſuit ; & la Conſonance qui la précéde & celle qui la ſuit, doivent être de même valeur que la Diſſonance.

De la Seconde, preparée & sauvée par la Basse.

LA Seconde, preparée & sauvée par la Basse, peut être précédée & suivie de toutes les Consonances, excepté qu'elle ne peut point être suivie de l'octave. Outre que la Seconde peut être suivie de la quinte, quand la Basse descend par degrez conjoints aprés la note ronde ou aprés les deux blanches en même degré, &c. Elle peut être encore quelquefois suivie de la quinte quand elle descend d'une quarte aprés la note ronde ou aprés les deux blanches en même degré, &c. comme le cinquiéme Exemple le fait voir.

Elle peut être suivie de la fausse-quinte, quelquefois même de la quarte, quand la Basse descend d'un demiton aprés la note ronde ou aprés les deux blanches en même degré.

EXEMPLE.

Quand on fait quelque Diſſonance pour en faire entendre la dureté(ſoit que la Baſſe,ou la Partie ſuperieure préparent & ſauvent) les deux notes blanches en même degré ou les deux noires,&c. peuvent être liées enſemble avec un demi-cercle, comme l'on voit dans le dernier Exemple cy-devant de la Neuviéme où la Partie ſuperieure a préparé & ſauvé la Neuviéme, & dans le dernier Exemple où la Baſſe a préparé & ſauvé la ſeconde.

Comment on connoîtra ſi les Diſſonances ſont bien préparées & bien ſauvées.

LEs Diſſonances ſeront toûjours bien préparées & bien ſauvées, quand la note préparée ſoit dans le Deſſus ſoit dans la Baſſe, (étant ſuppoſée être retranchée avec la note qui luy répond) on trouvera que l'Accord qui précéde cette Dissonance, & celuy qui la suit sont bons entr'eux.

Les notes qu'on voit barrées dans les Exemples cy-aprés, marquent celles qu'on doit supposer être retranchées dans le Dessus & dans la Basse.

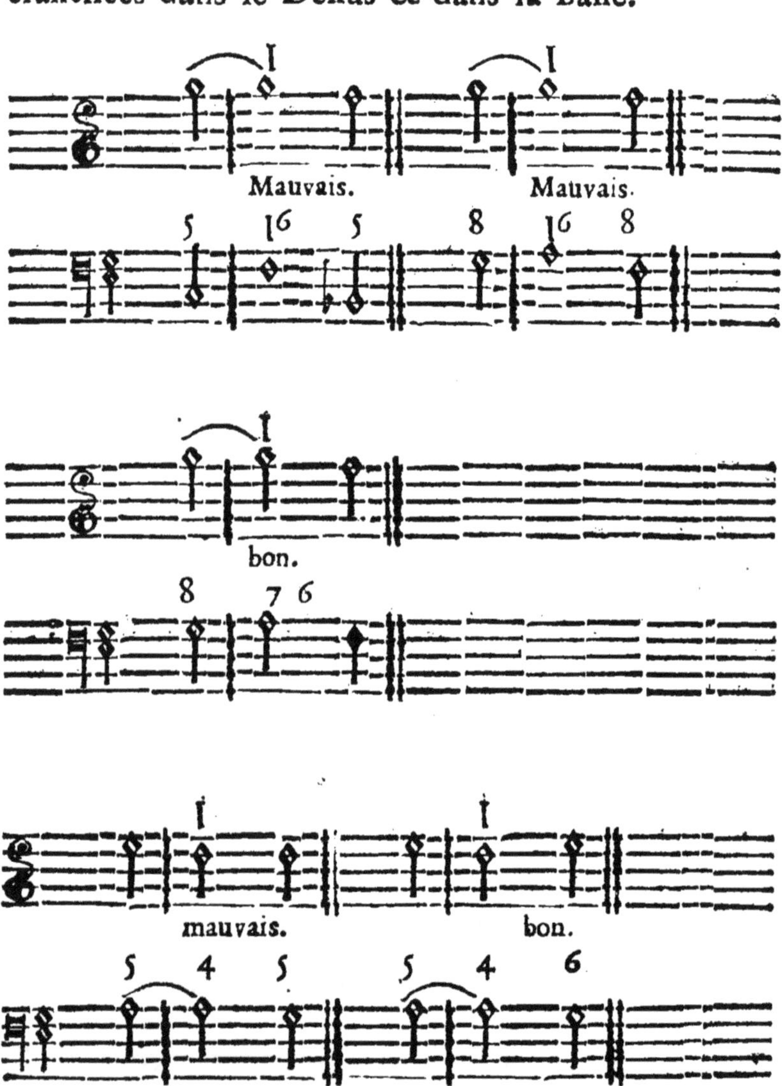

On doit remarquer que le Point tient lieu d'une note.

Les

Les Dissonances qu'on pratique pour la beauté du Chant, ou pour remplir les intervalles, doivent se trouver sur le levé, ou sur la seconde Partie d'un temps de la mesure : Elles doivent être preparées seulement, soit par le Dessus, soit par la Basse, comme il est dit cy-devant.

Quand on pratique une Dissonance pour la beauté du Chant, cette note qui fait Dissonance doit être précédée par une autre note en degré conjoint, soit en montant ou en descendant dans la même Partie ; & celle qui la doit suivre, doit être en même degré, ou monter ou descendre d'une tierce : Et lorsqu'on pratique la seconde pour remplir quelque intervalle, elle doit être précédée & suivie de notes en degrez conjoints, soit en montant ou en descendant dans la même Partie.

Pratique de la Seconde, pour l'ornement du Chant.

Pratique de la Seconde, en remplissant les Intervalles.

ON pratique aujourd'huy la Seconde superfluë.

EXEMPLE.

De la Quarte préparée & sauvée par la Partie superieure.

LA Quarte préparée & sauvée par la Partie superieure, doit être précédée par l'octave, quand la Basse monte d'une Quinte ou descend d'une Quarte A;

Elle est précédée par la Sixte, quand elle monte d'une Tierce B; Elle l'est aussi par la Quinte, quand elle monte par degrez conjoints C; elle l'est par la Tierce, quand elle descend par degrez conjoints D.

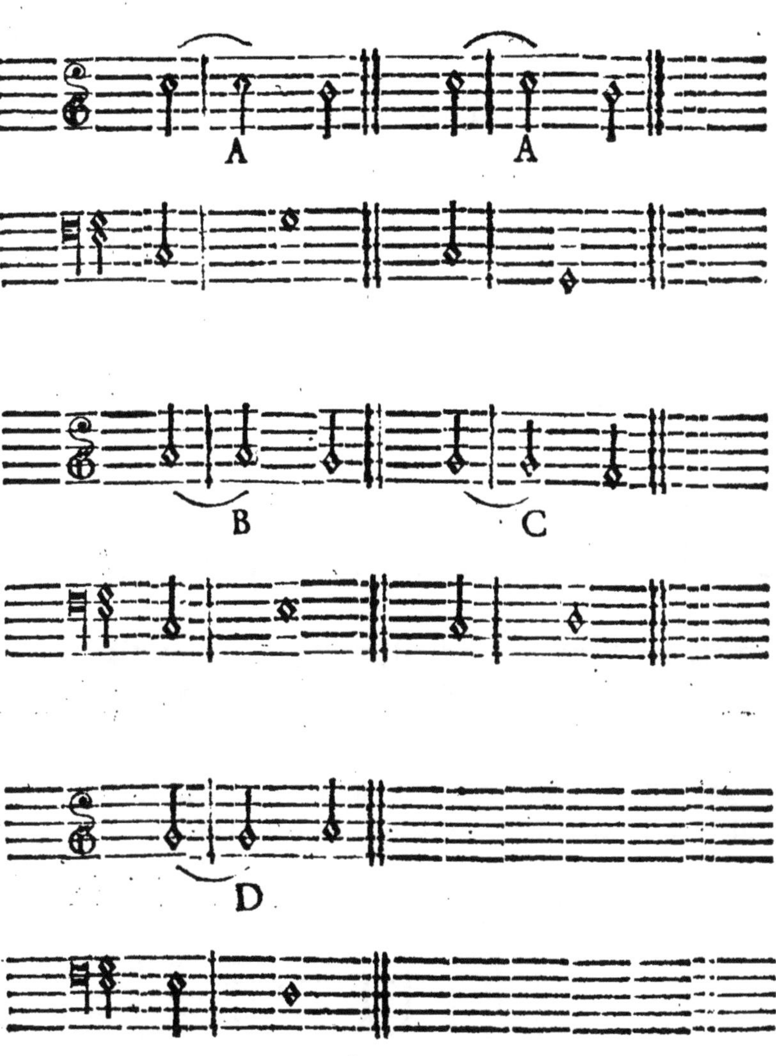

La Quarte doit être suivie de la Tierce, rarement de la Quinte, comme le dernier Exemple le fait voir

De la Quarte preparée & sauvée par la Basse.

LA Quarte préparée & sauvée par la Basse, peut être précédée de tous les Accords & suivie de tous, excepté de l'Octave, à moins que la composition soit à quatre Parties.

EXEMPLE.

La Quarte peut être suivie de la fausse-Quinte, comme le dernier Exemple le montre.

De la Quarte pour l'ornement du Chant.

Lorsqu'on ajoûte quelque note pour la beauté du Chant, la Quarte ne doit point être suivie de la Quinte non plus que de l'Octave, quand les Parties montent ou descendent en même temps.

EXEMPLE.

La Quarte peut remplir l'intervalle du Dessus, quoy qu'elle se trouve sur le frapé ou sur la premiére partie d'un temps de la mesure.

EXEMPLE.

Quand le Dessus remplit son intervalle en montant

par la pratique du Triton, il doit étre précédé de la Tierce, & suivie de la Sixte. EXEMPLE.

Le Triton peut se trouver sur la premiére partie d'un temps de la mesure. EXEMPLE.

Lorsque le Dessus remplit son intervalle en descendant par la pratique du Triton, il doit être précédé & suivi de la Tierce. EXEMPLE.

Il peut être quelquefois précédé de la Quarte.

EXEMPLES.

On peut aussi remplir les Intervalles de la Basse par la pratique du Triton ; c'est à-dire qu'on peut mettre *ré ut si*, au lieu de dire simplement *ré si*, &c.

EXEMPLE.

Quand on remplit les intervalles de la Basse, le Triton peut être précédé de la Tierce mineure, comme l'on peut voir dans le premier Exemple cy-devant.

Lorsque la Basse fait une Cadence par degrez conjoints, le Triton peut être suivi de la Tierce & de la Quinte.

EXEMPLE.

Du Triton preparé & ſauvé par la Baſſe.

LE Triton preparé & ſauvé par la Baſſe, peut être précédée de tous les Accords, mais il doit être ſuivi de la Sixte, ſoit majeure ou mineure.

EXEMPLE.

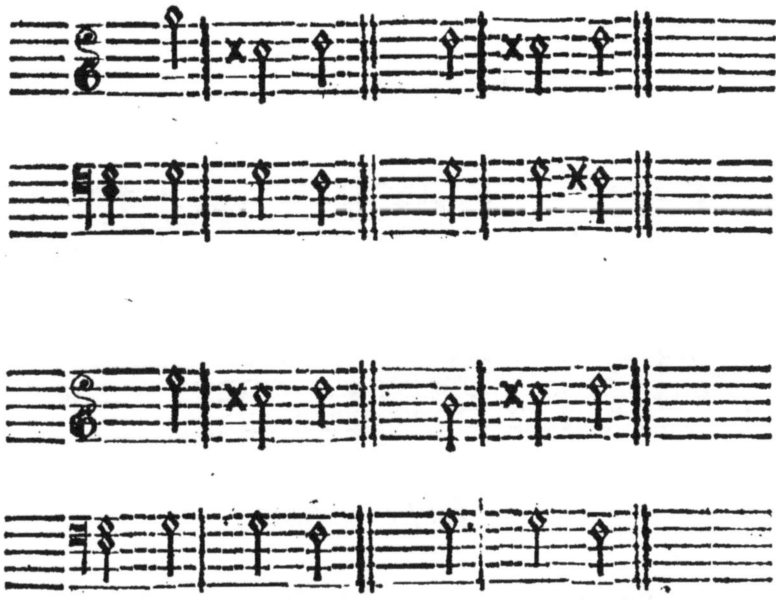

Quand le Triton eſt précédé de la Tierce, elle doit être majeure.

La Basse doit toûjours descendre aprés le Triton, soit d'un ton ou d'un demi-ton.

Le Triton est quelquefois suivi de la fausse-Quinte, & la fausse-Quinte du Triton.

EXEMPLE.

Le Triton se pratique encore quand la Basse monte ou descend par degrez conjoints.

EXEMPLE.

De la fausse-Quinte.

LA fausse-Quinte préparée & sauvée par la Partie superieure, peut être précédée de tous les Accords & suivie de la Tierce, soit majeure ou mineure.

EXEMPLE.

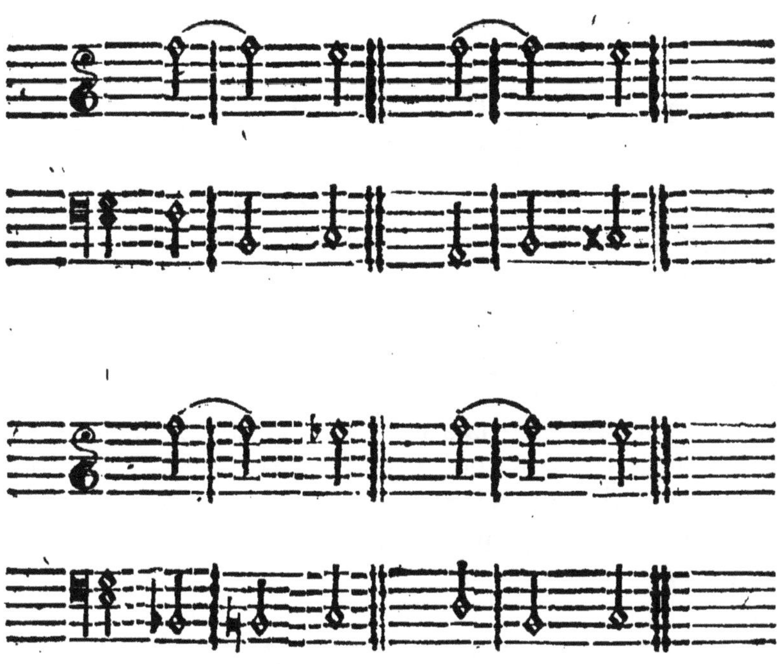

Aprés la fauſſe-Quinte la Baſſe doit toûjours monter par degrez conjoints, ſoit d'un ton ou d'un demi-ton.

La fauſſe-Quinte peut être pratiquée auſſi ſur le levé ou ſur la ſeconde partie d'un temps de la même meſure pourvû qu'elle ſoit préparée, ou par la Baſſe ou par le Deſſus, toûjours ſuivie de la Tierce.

EXEMPLE.

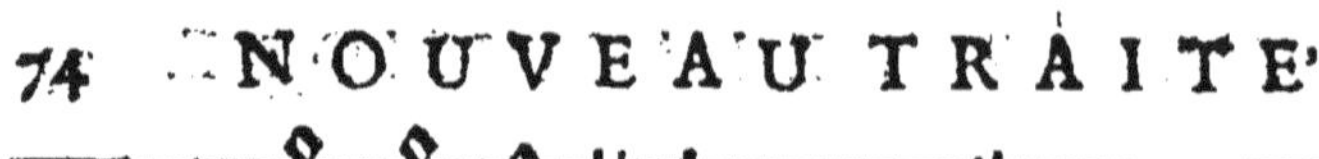

Quand la Basse descend d'une Quarte, la fausse-Quinte se pratique sur la seconde note quoy qu'elle ne soit point préparée, & est suivie de la Tierce comme on le voit au dernier Exemple cy-devant.

La fausse-Quinte peut être suivie de l'Octave, quand la Basse monte d'une Quarte au lieu de monter par degrez conjoints A; mais c'est à quatre Parties.

La fausse-Quinte peut être suivie de la Sixte, quand elle descend d'une Tierce, & qu'elle descend encore d'une autre Tierce, au lieu de monter par degrez conjoints B.

On peut faire deux Quintes de suite; sçavoir une juste & une diminuée, quand les Parties procédent par degrez conjoints, ou par mouvement contraire.

EXEMPLE.

De la Quinte superfluë.

LA Quinte superfluë se pratique sur une note d'une Basse, quand elle monte ou descend d'un demi-ton ou qu'elle descend d'une tierce : Quand elle monte d'un demi-ton, elle peut être précédée de l'Octave ou de la tierce A & B ; & quand elle descend d'une tierce ou d'un demi-ton, elle ne peut être précédée que de la Septiéme C & D.

La Quinte superfluë doit être suivie de la Sixte ou de l'Octave.

De la Septiéme, préparée & sauvée par le Dessus.

LA Septiéme préparée & sauvée par la Partie superieure, doit être précédée par l'octave, quand la Basse monte par degrez conjoints, soit d'un ton ou d'un demi-ton A & B : Elle doit l'être par la tierce, quand la Basse monte d'une quarte C : Par la Quinte, quand elle monte d'une sixte D : & par la sixte, lorsqu'elle descend par degrez conjoints E : Elle doit être suivie de la sixte comme il est dit cy-devant.

La Septiéme peut être quelquefois suivie de la tierce & de la quinte.

EXEMPLE.

La Septiéme peut encore être ſuivie de la tierce & de la quinte ; Elle peut être ſuivie de la tierce, quand la Baſſe (au lieu de tenir toute la note ronde) monte d'une quarte, ou deſcend d'une quinte : Elle peut être ſuivie de la quinte, quand la Baſſe (au lieu de tenir toute la note ronde) monte par degrez conjoints.

EXEMPLE.

La Septiéme ſe pratique encore, pourvû qu'elle ſoit préparée par la Baſſe.

EXEMPLE.

De la Septiéme, pour la beauté du Chant.

LA Partie superieure en remplissant l'intervalle d'une tierce peut faire la Septiéme, quoy qu'elle se trouve sur le frapé ou sur la premiére partie d'un temps de la mesure : La Basse le peut aussi.

EXEMPLE.

La Septiéme majeure, mineure, superfluë & diminuée, se pratiquent comme on le voit dans les Exemples suivants.

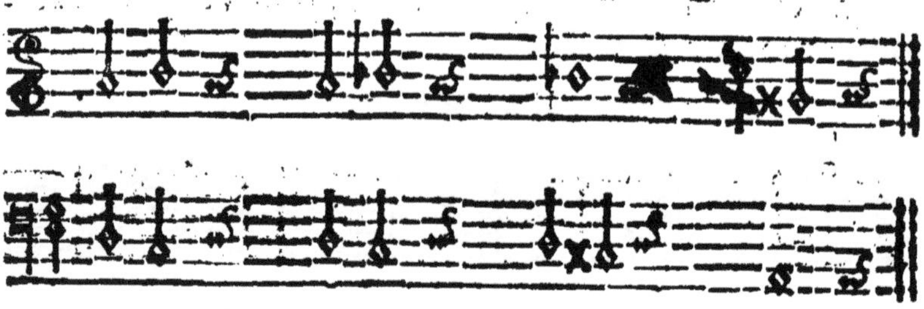

Les Dissonances qui servent à remplir l'intervalle d'une tierce & à donner quelque ornement au Chant, entrent tres fréquemment dans toutes sortes de Piéces; mais les autres qui sont préparées & sauvées par la Basse ou par la Partie superieure, ne se pratiquent qu'avec discrétion & en certaines occasions à cause de leur dureté : Il faut donc que le sujet ou les paroles l'éxigent; Elles sont plus d'usage quand l'on veut terminer une Cadence que dans la suite d'un Chant, & plus convenables au Mode mineur, qu'au Mode majeur.

La Basse suivante qui a servi cy-dessus pour s'exercer dans la premiére maniére de pratiquer les Accords, est rapporté exprés icy, pour pareillement s'exercer à y faire des Dissonances, à cause que la premiére Pratique conduit & enseigne naturellement à faire des Dissonances.

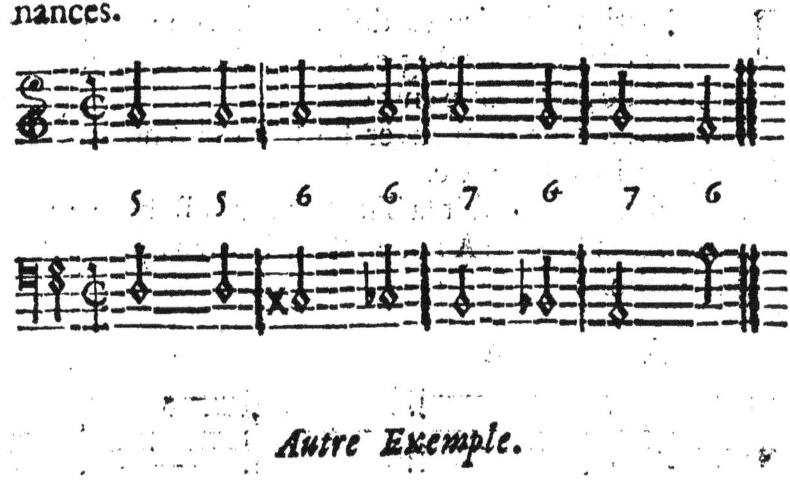

Autre Exemple.

Quoy que je ne parle que du Dessus & de la Basse, en parlant de la Composition à deux Parties, cela n'empêche pas qu'on ne puisse faire une Musique pour deux Dessus, pour deux Haute-Contre ensemble, ou pour une Haute-Contre & une Taille, & enfin pour toutes les Parties; Mais j'avertis que la Partie la plus basse doit être le fondement des autres.

CHAPITRE VIII.

Regles de la Composition à trois Parties.

Les Parties superieures doivent chacune en particulier observer les Regles cy-devant à deux Parties avec la Basse, & même entr'elles.

La Tierce doit se trouver sur toutes les notes de la Basse, ou bien la Sixte.

Quand une Partie fait la Tierce avec la Basse, l'autre doit faire la Quinte A : ou la Sixte B : mais plus rarement la Sixte.

Lorsqu'on pratique la Quarte entre les Parties superieures,

perieures, comme dans le troisiéme Exemple cy-devant, elle est prise pour Consonance; mais il faut éviter d'en faire deux de suite.

Pour donner lieu aux Parties superieures de s'entre-suivre à la tierce ou à la sixte, il est plus avantageux de faire marcher la Basse par intervalle que par degrez conjoints.

Quand la Basse marche par intervalle de quinte ou de quarte, les Parties superieures doivent aller par degrez conjoints; & quand elle va par intervalle de tierce, les Parties superieures peuvent aller par degrez conjoints ou par intervalle de quarte.

Lorsque la Basse monte par degrez conjoints, les Parties superieures peuvent aussi descendre par degrez conjoints d'une quinte ou d'une tierce.

EXEMPLE.

3 5 8 5 3 5 5 8

8 3 ♯6 3 8 3 3 6

5 3 3 8 3 5

3 8 8 6 8 3

Compoſition à trois Parties.

ON ſe contente ſouvent, pour donner lieu aux Parties ſuperieures de s'entre-ſuivre à la tierce ou à la ſixte, de faire ſeulement la tierce ou la ſixte avec l'octave ſur quelques notes de la Baſſe.

Une Partie ſuperieure ne doit pas finir par la ſixte; mais elle peut y commencer quelquefois.

Les trois Parties ſe terminent ordinairement à la fin d'une Cadence à l'Octave ou à l'Uniſſon, on peut auſſi les y faire commencer ſi l'on veut.

Pratique des Diſſonances à trois Parties.

De la Neuvie'me.

LA Neuviéme doit être accompagnée de la tierce A, quelquefois de la ſeptiéme B, ou de la quinte C, & même de la quinte ſuperfluë D.

A B

C D

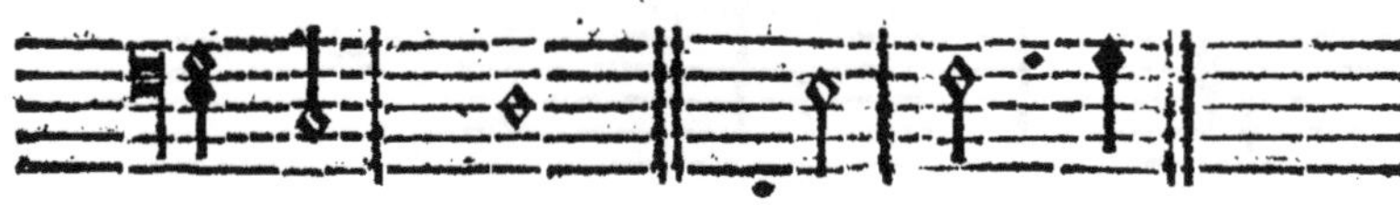

De la Seconde.

LA Seconde doit être accompagnée de la quarte.

EXEMPLE.

De la Quarte.

LA Quarte sur la premiére partie d'une note d'une Basse doit être accompagnée de la quinte, quelquefois de la sixte.

EXEMPLE.

La Quarte sur la deuxiéme partie d'une note ronde, ou sur la deuxiéme de deux notes en même degrez, soit blanche ou noire, doit être accompagnée de la sixte, quelquefois de la seconde.

EXEMPLE.

Quand une Partie superieure fait le triton, l'autre doit faire la sixte.

EXEMPLES.

La fausse-quinte doit être accompagnée de la tierce.

EXEMPLES.

Quand une Partie fait la quinte, soit la juste soit la diminuée, l'autre peut faire la sixte, pourvû que la Partie qui fait la quinte ait eû une autre consonance en méme degré devant elle, & qu'elle en ait encore une en degrez conjoints en descendant.

EXEMPLES.

Quand une Partie fait la Septiéme sur la premiére partie d'une note d'une Basse, l'autre doit faire la tierce, quelquefois la quinte.

EXEMPLES.

Quand une Partie fait la Septiéme sur la seconde partie d'une note ronde, ou sur la deuxiéme de deux blanches, ou noires ou croches en méme degré, elle s'accompagne ordinairement de la quinte, quelquefois de la tierce

EXEMPLES.

TRIO.

CHAPITRE IX.

Régles de la Composition à quatre Parties.

LEs Parties ſuperieures doivent chacune en particulier obſerver les Regles à deux Parties avec la Baſſe, & même entr'elles : De plus, il ſe doit toûjours trouver ſur toutes les notes de la Baſſe, une tierce, une quinte, & une octave : ou une tierce, une ſixte, & une octave, mais plus rarement.

Pratique des Accords quand la Baſſe monte.

QUand la Baſſe monte d'un ton, la Partie qui a fait l'octave ſur la premiére note de la Baſſe fait la Quinte ou la Sixte, ſur la note ſuivante. La Partie qui a fait la tierce, doit faire l'octave ; & celle qui a fait la quinte fera la tierce A.

On doit faire la ſixte au lieu de la quinte ſur la premiére note de la Baſſe, quand elle monte d'un demiton B.

EXEMPLE.

Lorſque la Baſſe monte d'une tierce majeure ou mineure, la Partie qui a fait l'octave ſur la premiére note doit faire la quinte ſur la ſeconde, quelquefois la ſixte : Celle qui a fait la tierce doit faire l'octave, & l'autre qui a fait la quinte, fera la tierce.

EXEMPLES.

Quand la Baſſe monte d'une quarte, la Partie qui a fait l'octave fait ordinairement la quinte aprés, quelquefois la tierce : Celle qui a fait la tierce fait ordinairement l'octave, quelquefois la quinte; & l'autre qui a fait la quinte fait ordinairement la tierce, & quelquefois l'octave C.

Lorſque la Baſſe monte d'une quinte, la Partie qui a fait l'octave fait la tierce : Celle qui a commencé par la tierce doit faire la quinte ; & l'autre qui a fait la quinte fera l'octave D.

Enfin, lorſque la Baſſe monte d'une ſixte, la Partie qui a commencé par l'octave doit faire la tierce : Celle qui a fait la tierce fait encore la tierce ; & l'autre qui a fait la quinte doit faire la ſixte E.

EXEMPLES.

Pratique des Accords quand la Baſſe deſcend.

QUand la Baſſe deſcend d'un ton, la Partie qui a commencé par l'octave doit faire la tierce enſuivant : Celle qui a fait la tierce fait la quinte ; & l'autre qui a fait pour l'ordinaire la quinte & quelquefois la ſixte, fera l'octave F.

Quand la Baſſe ne deſcend que d'un demi-ton, la Partie qui a fait l'octave fera la tierce : Celle qui a commencé par la tierce doit faire la ſixte enſuite ; & l'autre qui a fait la quinte doit faire la ſixte G.

Quand la Baſſe fait une cadence par degrez conjoints, on ſe ſert ordinairement de la ſixte ſur la premiére note de la cadence H.

EXEMPLE.

Lorſque la Baſſe deſcend d'une tierce majeure, la Partie qui a fait l'octave doit faire la tierce. Celle qui a commencé par la tierce, ordinairement fait la quinte quelquefois la ſixte ; & l'autre qui a fait la quinte fera l'octave I.

On peut ſe ſervir de la ſixte au lieu de la quinte ſur la premiére note de la Baſſe K.

Quand la Baſſe deſcend d'une tierce mineure, la Partie qui a fait l'octave doit faire la tierce comme cy devant. Celle qui a commencé par la tierce fera la fauſſe quinte ou la juſte, & l'autre qui a fait la quinte fera la ſixte ou l'octave L.

EXEMPLE.

Quand la Baſſe deſcend d'une quarte, la Partie qui a commencé par l'octave doit faire la tierce. Celle qui a fait la tierce doit faire la quinte; & celle qui a fait la quinte fera l'octave M.

Lorſque la Baſſe deſcend d'une quinte, la Partie qui a fait l'octave fait la quinte: Celle qui a commencé par la tierce fera l'octave; & l'autre qui a fait la quinte doit faire la tierce, quelquefois l'octave N.

Enfin, quand la Baſſe deſcend d'une ſixte, la Partie qui a commencé par l'octave demeure ſur le même degré pour faire la ſixte: Celle qui a fait la tierce fera la ſixte; & l'autre qui a fait la quinte doit faire la tierce O.

EXEMPLE.

On double quelquefois la quinte, mais il faut faire toûjours la tierce.

Quand on fait la ſixte au lieu de la quinte on peut la doubler, mais rarement la tierce.

Sur une note diéſée d'une Baſſe on n'y fait ni quinte, ni octave, on double la ſixte ou la tierce.

On doit éviter l'Uniſſon avec la Baſſe, & entre les Parties ſuperieures.

Pratique des Dissonances à quatre Parties.

QUand une Partie finit à la tierce, elle est ordinairement majeure.

De la Neuviéme.

QUand une Partie fait la Neuviéme, une autre doit faire la tierce, & l'autre la quinte A.

De la Seconde.

QUand une Partie fait la Seconde, une autre doit faire la quarte ou le triton A, & l'autre la sixte B, on la met quelquefois avec la quinte ? mais c'est lorsque la Seconde est précédée de la tierce majeure C,

De la Seconde superfluë.

QUand une Partie fait la Seconde superfluë, une autre doit faire le triton, & l'autre la sixte D.

Il est bon d'avertir que le précédent Exemple, de même que ceux qui suivent à quatre Parties, ont été composez pour l'Orgue; cependant comme ils peuvent aussi servir pour les Voix, on a separé les quatre Parties.

De la Quarte.

QUand une Partie fait la Quarte sur la premiére partie d'une note de la Basse, une autre doit faire la sixte ou la quinte, & l'autre l'octave; Et quand c'est sur la deuxiéme partie, une autre doit toûjours faire la sixte, & l'autre la seconde.

EXEMPLES.

Du Triton.

QUand une Partie fait le Triton, une autre doit faire la ſixte, & l'autre la ſeconde A.

EXEMPLES.

Quand la Baſſe fait une cadence par degrez conjoints, le Triton doit être accompagné de la ſixte & de l'octave B; il doit être encore accompagné de la ſixte & de l'octave, quand la Baſſe deſcend d'une quarte C, ou qu'elle demeure en même degré D.

Le Triton s'accompagne quelquefois de la tierce E.

De la fausse-Quinte.

QUand une Partie fait la fausse-Quinte contre la Basse, une autre doit faire la tierce & l'autre la sixte, pourvû qu'elle monte ensuite par degrez conjoints F; mais quand elle monte à l'intervalle d'une quarte G, ou qu'elle descend à celuy d'une tierce H, au lieu de monter par degrez conjoints, comme dans les premiers Exemples, elle doit être accompagnée de la tierce & de l'octave : Cela se trouve dans quelque Opera.

De la Quinte superfluë.

QUand une Partie fait la Quinte superfluë, une autre doit faire la septiéme ou la neuviéme, & l'autre la tierce I. Elle se met encore avec la septiéme & la neuviéme, lorsque la Basse a trois notes en degrez conjoints en descendant.

De la Septiéme.

QUand une Partie fait la Septiéme, soit sur la premiére partie d'une note de la Basse, soit sur la seconde, une autre Partie doit faire la tierce, & l'autre la quinte L, quelquefois l'octave M; la septiéme diminuée s'accompagne seulement de la tierce & de la quinte N.

La ſeptiéme ſuperfluë doit être accompagnée de la ſeconde & de la quinte O, quelquefois de la ſixte & de la quinte P.

Pour composer à cinq & à six Parties.

LEs Parties superieures doivent chacune en particulier observer les Regles du Contrepoint avec la Basse, & même entr'elles, comme dans la Composition à quatre Parties : Ce qu'il y a à ajoûter, c'est qu'il faut doubler quelqu'un des Accords.

A cinq parties on double plûtôt la quinte que l'octave, rarement la tierce.

A six Parties on double la quinte & l'octave, quelquefois la tierce.

Pratique des Dissonances à cinq & à six Parties.

LA Quinte superfluë, ni la Quinte diminuée, ni le Triton ne se doublent point ; le dernier peut être doublé sur la premiére note d'une cadence, comme il est marqué à la lettre B, cy-devant.

Les Dissonances qui se font sur la premiére Partie d'une note de la Basse ne se doublent jamais.

Pour chiffrer la Basse-Continuë.

IL n'est pas besoin de chiffrer la Basse-Continuë, quand il ne se rencontre que des tierces, des quintes & des octaves, parce que c'est l'harmonie ordinaire que les Instruments touchent sur chaque note de la Basse ; mais lorsqu'il se trouve quelque sixte, quarte, triton, quinte diminuée, quinte superfluë, ou quelques autres dissonances, on est obligé de les marquer avec les consonances qui les sauvent.

Le nombre n'étant pas toûjours suffisant de soy-même de marquer la qualité de l'accord ou de la dissonance, qu'il est necessaire de désigner, il faut ajoûter un diése au chiffre pour faire connoître précisément que c'est une tierce majeure, ou une sixte majeure, triton, quinte superfluë, &c. ou un bémol pour signifier une tierce ou une quinte, ou une sixte minéure, &c.

CHAPITRE X.

De la Fugue.

LA Fugue est un Chant qui doit être répeté ou imité par une Partie ou par plusieurs; ce qui se fait par le moyen de quelques pauses que l'on donne à une Partie.

J'en distingue de quatre sortes.

La premiére se peut appeller parfaite ressemblance ou répétition du même Chant; Ce qui se fait quand une Partie répéte à l'unisson ou à l'octave ce qu'une autre a chanté auparavant.

La seconde espéce de Fugue est une simple imitation de Chant: Je l'appelle ainsi, dautant que la seconde Partie imite le Chant de la premiére à la distance d'une quarte ou d'une quinte.

La troisiéme s'appelle Contre-Fugue, ou Fugue renversée, & c'est un chant qui va par opposition à un autre, ce qui se fait quand une Partie suit l'autre par des mouvements opposez.

La quatriéme, qu'on appelle double Fugue, est la répétition de deux Chants differents, ce qui ce fait quand deux Parties reprennent ce que deux autres ont commencé en même temps, ou peu aprés l'une l'autre.

La Fugue est un Chant qui doit avoir quatre ou cinq notes ou environ, lesquelles doivent être sur les cordes essentielles du Mode que l'on traite.

Il n'importe point que ce soit le Dessus ou la Basse qui la commence.

La Fugue doit commencer à la note finale ou à la dominante, rarement à la médiante.

Il n'y a point de difficulté dans la premiére espéce de Fugue, tant pour la commencer que pour la continuer, soit qu'on la commence à la note finale, ou à la dominante, ou à la médiante, parce qu'il est évident que la seconde Partie doit répéter les mêmes notes de la même valeur, sous le même signe qui marque le mouvement de la mesure.

Dans la seconde espéce de Fugue, quand la premiére Partie commence de la finale pour monter à la médiante, la seconde doit procéder de la dominante par degrez conjoints en montant A, quelquefois de la dominante à une tierce; au contraire, si la premiére Partie procéde de la dominante par degrez conjoints, la seconde procédera de la finale à la médiante B.

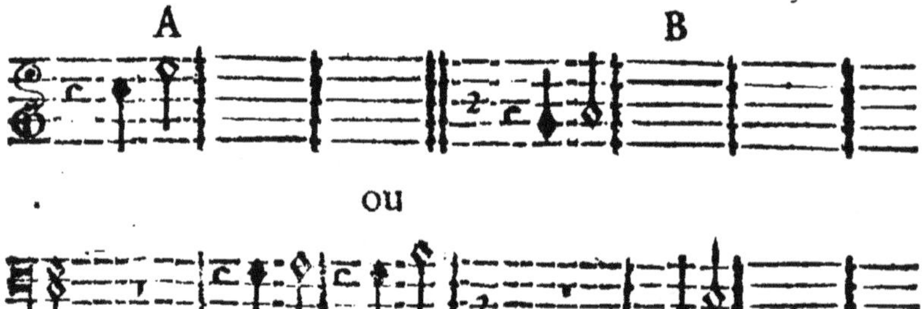

Quand la premiére Partie commence de la finale pour monter à la dominante, la seconde doit commencer de la dominante pour monter à la finale C; au contraire, si la premiére commence de la dominante à la finale, la seconde doit commencer de la finale à la dominante D.

S'il arrive que la premiére Partie procéde de la médiante à la dominante, la seconde procédera de la note au dessous de la finale par degrez conjoints E, ou ſi la premiére Partie procéde de la note au deſſous de la finale par degrez conjoints, la ſeconde procédera de la médiante F.

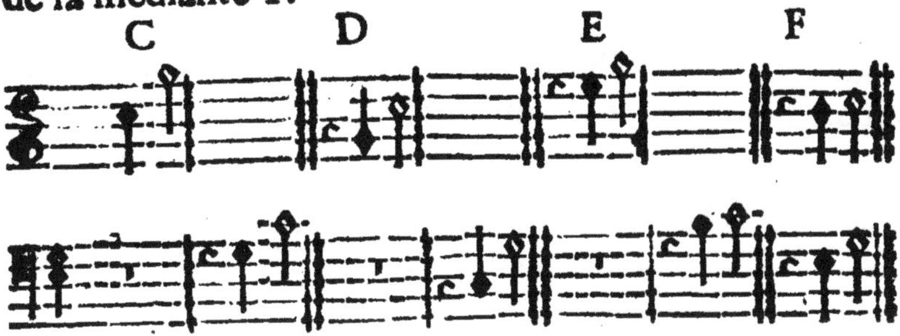

La Fugue paroît facile à pratiquer en commençant par degrez disjoints ; mais comme elle peut être commencée par degrez conjoints, où les notes eſſentielles ſont entrelacées d'autres notes immédiates qui ne ſont pas eſſentielles au Mode, il faut regler ſi bien la Fugue, que la premiére partie de chaque temps de la meſure, ne vienne point à tomber ſur les notes entrelacées qui ne ſont pas eſſentielles.

Si la premiére Partie procéde de la finale à la médiante par degrez conjoints, la ſeconde Partie commencera par la dominante, & fera deux notes en même degré : Et ſi la premiére commence à la dominante faiſant deux notes en même degré, la ſeconde Partie montera de la finale à la médiante.

Lorſqu'une Partie procéde de la finale à la dominante par degrez conjoints, la ſeconde Partie doit commencer par la dominante, & fera deux notes en même degré, avant que de monter à la note finale: Et si la premiére commence à la dominante, faisant deux notes en même degré avant que de monter à la finale, la seconde Partie montera de la finale à la dominante par degrez conjoints.

S'il arrive que la premiére Partie procéde de la médiante à la dominante par degrez conjoints, la seconde Partie commencera par la note au dessous de la finale, & fera deux notes en même degré avant que de monter à la finale: Et si la premiére commence à la note au dessous de la finale, faisant deux notes en même degré avant que de monter à la finale, la seconde Partie procédera de la médiante à la dominante par degrez conjoints.

Sans qu'il soit besoin de faire tout le détail des progres que doivent faire en descendant les Parties qui s'entresuivent par la seconde espéce de Fugue, les Exemples qui suivent sont suffisants pour les enseigner;

parce que c'est à proprement parler, le renversement des progrés en montant, cy-dessus expliquez.

ou
ou

Il faut prendre garde de faire trouver dans la seconde Partie le demi-ton de la Fugue (quand elle en a un) sur une semblable note qu'il est dans la premiére Partie ; c'est-à-dire, que si le demi-ton s'est trouvé dans la premiére Partie à la troisiéme note, il doit être placé aussi à la troisiéme note dans la seconde Partie.

Quoy que j'aye réduit tous les Exemples de la Fugue au Mode majeur, il est necessaire de dire qu'il n'y a rien de different pour le Mode mineur, & que les progrés se pratiquent de la même maniére.

Pour pratiquer la premiére espéce de Fugue.

IL faut donner à la deuxiéme Partie autant de notes qu'à la premiére, de la même valeur, sous le même signe qui marque le mouvement de la mesure, & remplir ensuite d'accords le nombre des notes de la Fugue qui sont marquées avec des chiffres au dessus ou au dessous des Exemples.

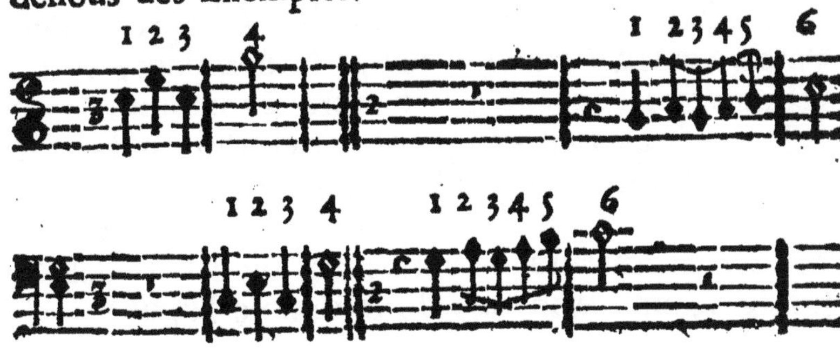

Pour pratiquer la deuxiéme eſpéce de Fugue.

IL faut donner à la deuxiéme Partie autant de notes qu'à la premiére, faiſant obſerver à la ſeconde Partie les progrés qu'elle doit faire, en conſequence de ceux que la premiére aura fait, comme il eſt enſeigné cy-devant: Il faut enſuite remplir d'accords le nombre des notes de la Fugue, de même que dans la précédente Fugue.

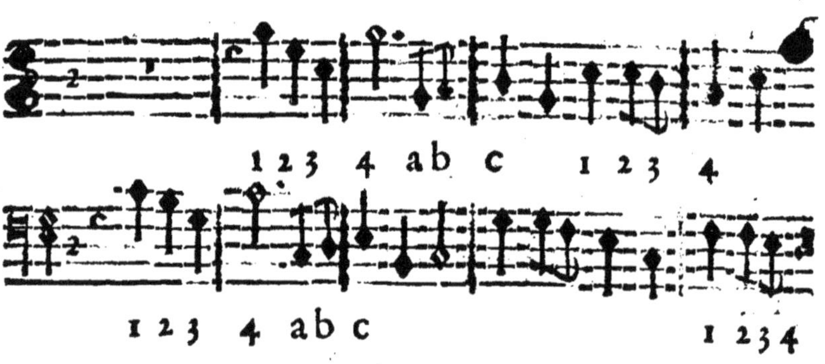

Les notes du rempliſſage de la premiére Partie peuvent ſervir à faire un autre ſujet de Fugue, & ainſi en continuant ſi l'on veut : C'eſt ce qui fait que j'ay marqué avec des lettres de l'Alphabet, chaque endroit où commence le nouveau ſujet de Fugue.

On fait ceſſer toutes ces Fugues aux Parties quand on veut, pour les faire aller enſemble ; On recommence enſuite de nouvelles Fugues, pour donner à une Piéce l'idée d'un Ouvrage bien travaillé, & aprés qu'une Partie a marché quelque temps la premiére, on fait reprendre le devant à une autre à ſon tour.

Je ne diray rien des progrés que doivent faire les Parties, lorſqu'on travaille la Contre-Fugue ou Fugue renverſée : Les Exemples qu'on en trouvera cy-aprés & dans les Auteurs, en donneront un éclairciſſement ſuffiſant, auſſi bien que de la double Fugue.

Quand on travaille sur une Fugue pour plusieurs Parties, il 'est plus d'usage que ce soit le Dessus qui la commence qu'une autre Partie, puis la Haute-Contre, ensuite la Taille, & ainsi des autres Parties ; Et en ce cas, la troisiéme Partie doit répéter la même chose qui a été chantée par la premiére ; la quatriéme Partie reprend aussi ce qui a été chanté par la seconde, & ainsi des autres. Toutes les Parties peuvent reprendre alternativement ce que les unes & les autres ont chanté, autant de fois qu'on le juge à propos.

Quoy-que j'ay dit, cy-devant, qu'une seconde Partie qui prend la Fugue doit faire deux notes en même degré, lorsque la premiére a procéde de la finale à la médiante par degrez conjoints ; Il y a cependant des rencontres où il vaut mieux que la seconde Partie procéde par degrez conjoints comme l'autre, qu'elle fasse deux notes en même degré ; Ce qui s'apprendra par l'usage & par un juste discernement.

Exemple de la Fugue à trois Parties.

Fugue à trois Parties.

Double Fugue à quatre Parties.

7 6 7 6

Il m'a semblé que je ne pouvois mieux finir cet Ouvrage, qu'en donnant une idée de ce qui peut contribuer à la beauté & à la perfection d'une Piéce de Musique.

On peut dire que le secret de donner de l'agrément à une Piéce, consiste dans une varieté bien ménagée avec addresse; mais les choses particulieres qu'on peut mettre en usage pour produire cette varieté, sont:

1°. Les differents mouvements de la mesure, parce qu'ils font un effet agréable par leur succession. Ceux même des Parties; c'est-à-dire, qu'il est bon de faire aller une Partie lentement, pendant qu'une autre marche gayement.

2°. L'usage judicieux des Dissonances, pour faire mieux goûter la douceur des Consonances.

3°. Les Récits pour donner aux belles voix la liberté de se faire entendre avec plaisir.

4° Le silence des Parties, en les faisant cesser toutes avec jugement, pour surprendre agréablement les Auditeurs.

5°. Les r'entrées, en faisant commencer les Parties les unes aprés les autres, par le secours des Fugues, ou en faisant chanter seulement deux voix à la tierce ou à la sixte, ce qui paroît souvent agréable.

6°. L'ordre & le mêlange des Cadences, pour donner à l'oreille le plaisir qu'elle attend naturellement de la suite d'un Chant.

7°. La variété des Modes, pour relever & animer une Piéce: car non-seulement il est permis dans un Ouvrage d'étenduë, de passer du béquarre au bémol, c'est-à-dire du Mode majeur au Mode mineur; Mais il est encore necessaire d'en user ainsi, parce qu'il se rencontre quelquefois des Paroles qui ne peuvent être bien exprimées, qu'en changeant tout d'un coup de Mode.

8°. Les Echos ont une beauté particuliére, quand les Paroles donnent naturellement l'idée d'en faire.

L'Echo est une répétion de Chant qui se fait à l'Unisson de cinq notes en cinq notes ou environ, par des voix séparées & éloignées des autres. Il est plus d'usage pour les Instruments, comme l'Orgue & les Violons, que pour les Voix.

9°. On doit toûjours faire entendre le Sujet par les Voix & par les Instruments, le plus distinctement qu'il est possible, particuliérement dans les Symphonies; c'est-à-dire, qu'aucune Partie de Violon ne doit jamais passer au dessus du Sujet, comme aux Menuets, Gavotes, Ouvertures, &c.

Fin de la seconde Partie.

TABLE AJOUTÉE POUR APPRENDRE A COMPOSER,

suivant l'Instruction page 46.

Bon. b Passable. Mauvais. m b b

8 6 8 6

b b b

m m m m b b b

6 8 6 8

m m m

b b b b p p p
8 5 8 5
b b m
m m b b m b b
5 8 5 8
b p m

b p p p p b p
6 6 6 6
p p p
b m m m m p p
à 4. parties.
6 5 6 5
m m m

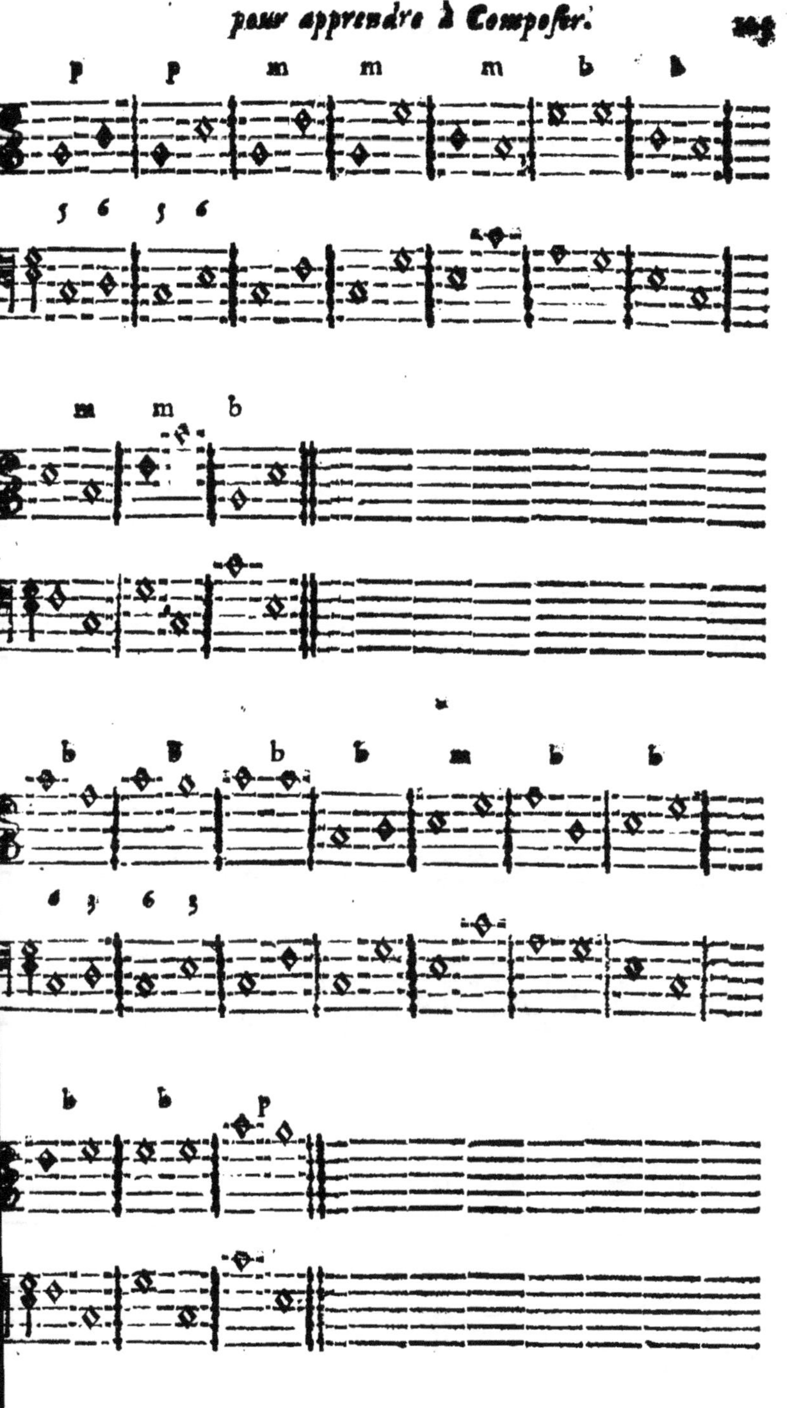
p p m m m b b
5 6 5 6
m m b
b b b b m b b
6 5 6 5
b b p

Fin du Traité.

EXTRAIT DU PRIVILEGE.

PAR Lettres Patentes du Roy données à Arras l'onziéme jour du mois de May, l'An de Grace mil six cent soixante & treize, Signées LOUIS; Et plus bas par le Roy, COLBERT; Scellées du grand Sceau de cire jaune: Verifiées & Registrées en Parlement le 15. Avril 1678. Confirmées par Arrests contradictoires du Conseil Privé du Roy des 30. Septembre 1694. & 8. Aoust 1696. Il est permis à CHRISTOPHE BALLARD, seul Imprimeur du Roy pour la Musique, d'Imprimer, faire Imprimer, Vendre & Distribuer toute sorte de Musique tant Vocale qu'Instrumentale, de tous Auteurs: Faisant défenses à toutes autres personnes de quelque condition & qualité quelles soient, d'entreprendre ou faire entreprendre ladite Impression de Musique, ny autre chose concernant icelle, en aucun lieu de ce Royaume, Terres & Seigneuries de son obeïssance, nonobstant toutes Lettres à ce contraires; ny même de Tailler ny Fondre aucuns Caracteres de Musique, sans le congé & permission dudit Ballard, à peine de confiscation desdits Caracteres & Impressions, & de six mille livres d'amende, ainsi qu'il est plus amplement déclaré esdites Lettres: Sadite Majesté voulant qu'à l'Extrait d'icelles mis au commencement ou fin desdits Livres imprimez, foy soit ajoûtée comme à l'Original.

www.ingramcontent.com/pod-product-compliance
Ingram Content Group UK Ltd.
Pitfield, Milton Keynes, MK11 3LW, UK
UKHW021053260726
13994UKWH00002B/525